JN322287

ΣBEST
シグマベスト

基礎固め＋スキルアップ

漢文句法
マスタードリル

文英堂

はじめに

この本を手に取ってくれた君は幸運です。この本一冊あれば、大学入試に必要な漢文句形を完全マスターできます。

現代文・古文・漢文の中で、漢文は入試で最も点を取りやすい科目です。特にセンター試験の国語では、漢文が最も点を取りやすい科目であることは多くの人が認めています。漢文は入試に必要とされる知識量がさほど多くはなく、短期間の学習で高得点を獲得できます。この漢文を苦手科目にしておくという手はありません。

漢文を読解し、入試問題を解くためには、まず句形をマスターすることが必要です。この本は漢文読解に必要な句形を基礎的事項から説き起こし、センター試験、国公立大、私大の各入試問題を解くのに必要かつ十分なレベルまで要領よくまとめました。高校1年生から大学受験生まで幅広く使っていただけます。

高校の授業や受験勉強で漢文に当てられる時間は限られていることでしょう。しかし、その少ない時間をも体系的、段階的に学習することが大切です。その案内役となるのがこの本です。この本に「乗れ」ば、君は大学合格へと効率良く導かれます。

近年、中国の発展は目覚ましく、日本にも様々な形でその影響が及んでいます。私は予備校で漢文を、大学で中国語を教えていますが、漢文の素養は中国語学習の基礎にもなります。その意味では、この本は大学入試突破以上の契機を君に与えるかも知れません。

各教科の学習参考書の中で、その編集校正に最も忍耐力を要するのは漢文科だと思います。大変なご苦労を引き受けてくださった文英堂編集部に深く感謝いたします。

不怕慢、只怕站。
少しずつでもいいから、たゆまずに。

飯塚敏夫

もくじ

本書の特長と使い方

本格的な学習の前に［ガイダンス］で必修事項を効率的に確認。

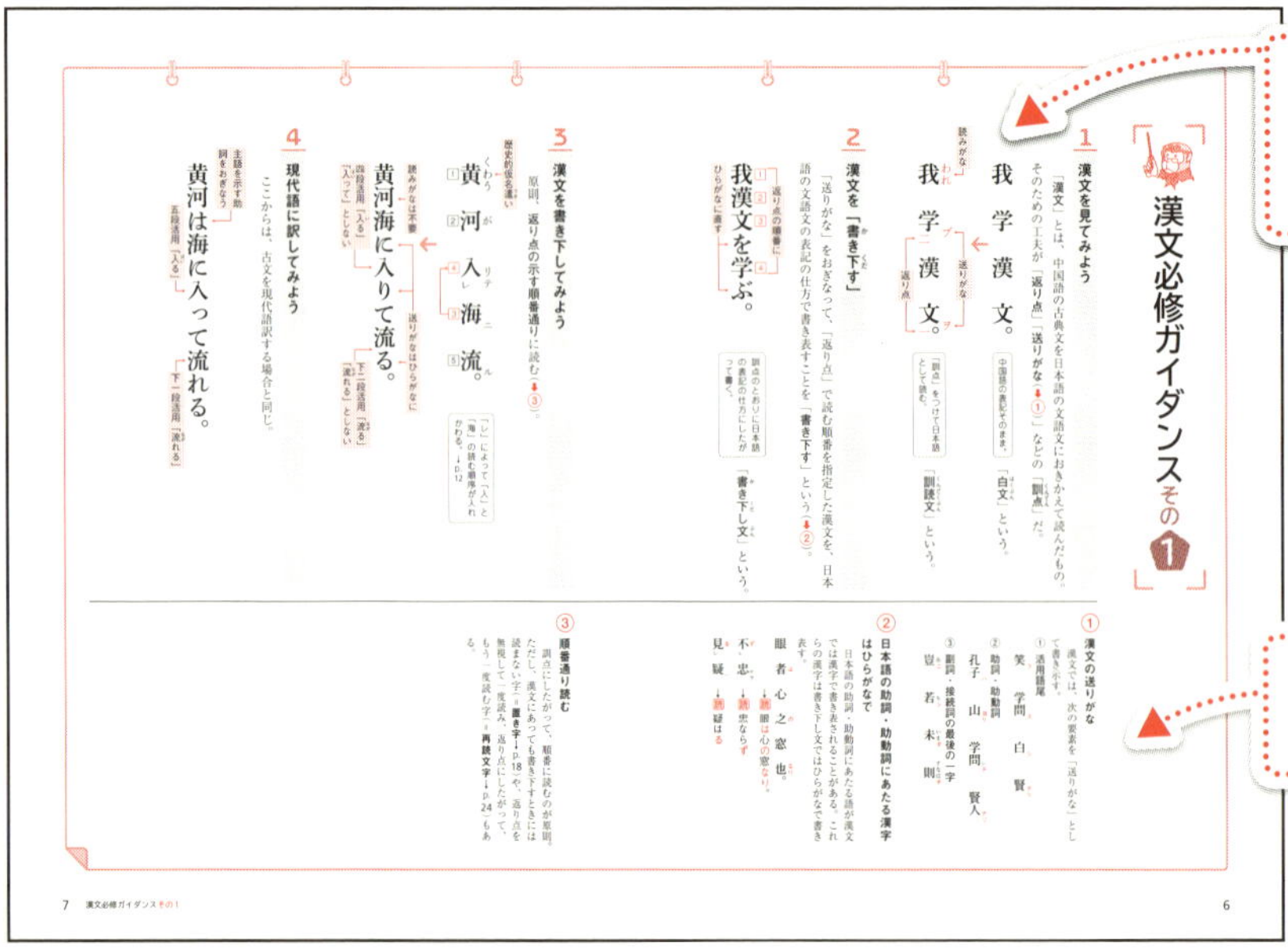

［上段］「漢文とは？」そんな基礎の基礎から必修事項を丁寧に解説。

［下段］上段の補足事項や練習問題を掲載。

丁寧な講義と練習ドリルで基礎から実戦へと無理なくスキルアップ。

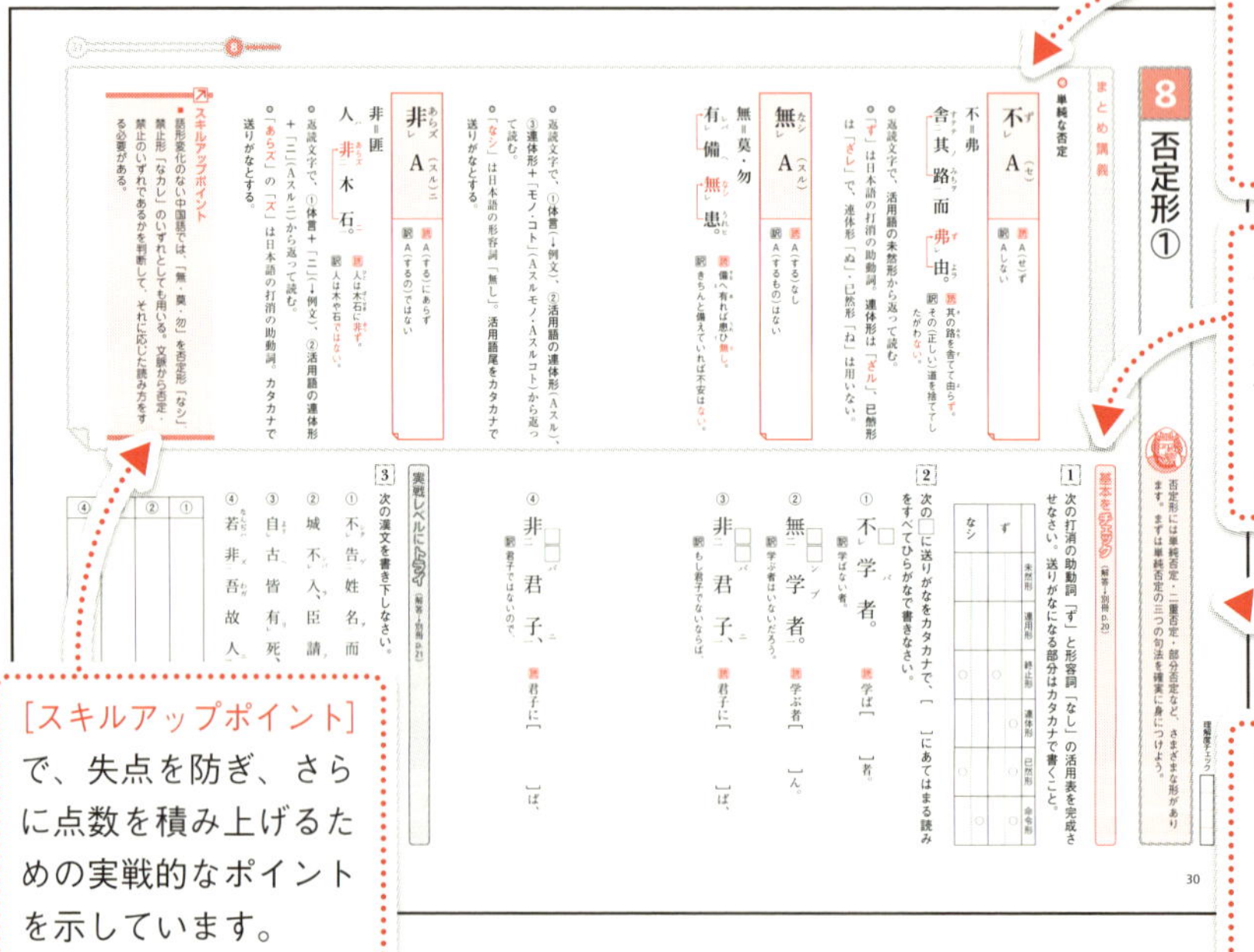

入試頻出の句法（句形）をむだなく取り上げています。まず基礎知識を学びましょう。

基本をおろそかにしない書き込み式のドリル。解答をしっかり書き込んで知識を確実なものにしましょう。

［スキルアップポイント］で、失点を防ぎ、さらに点数を積み上げるための実戦的なポイントを示しています。

［導入］に各章のポイントや指針を明示。理解度を自己採点して復習に役立てよう。

過去問をもとにした[実力テスト]で、定着度、応用力をチェック。

問題文は大きく、見やすく。漢文初心者でも興味が持てる内容の文章を選んでいます。

問題のレベルは標準。納得がいくまで考えて、必ず自分なりの解答を書き込んでください。

[実力テスト①〜③]のみ書き下し文・通釈つき。最後の[総合問題]に向けて難易度が徐々に上がっていきます。

見やすい、わかりやすい、親切な別冊[解答・解説集]。

[漢文のツボ]で、複数の読み・意味を持ち、試験で狙われやすい超重要漢字を取り上げています。

解説はできるだけ簡潔にポイントを明示。さらに[飯塚直伝]でスピーディーに読み解くためのコツを伝授。

問題と解答欄をそのまま掲載し、正答を赤字で記しています。また、正答へのステップを薄い文字で示しています。

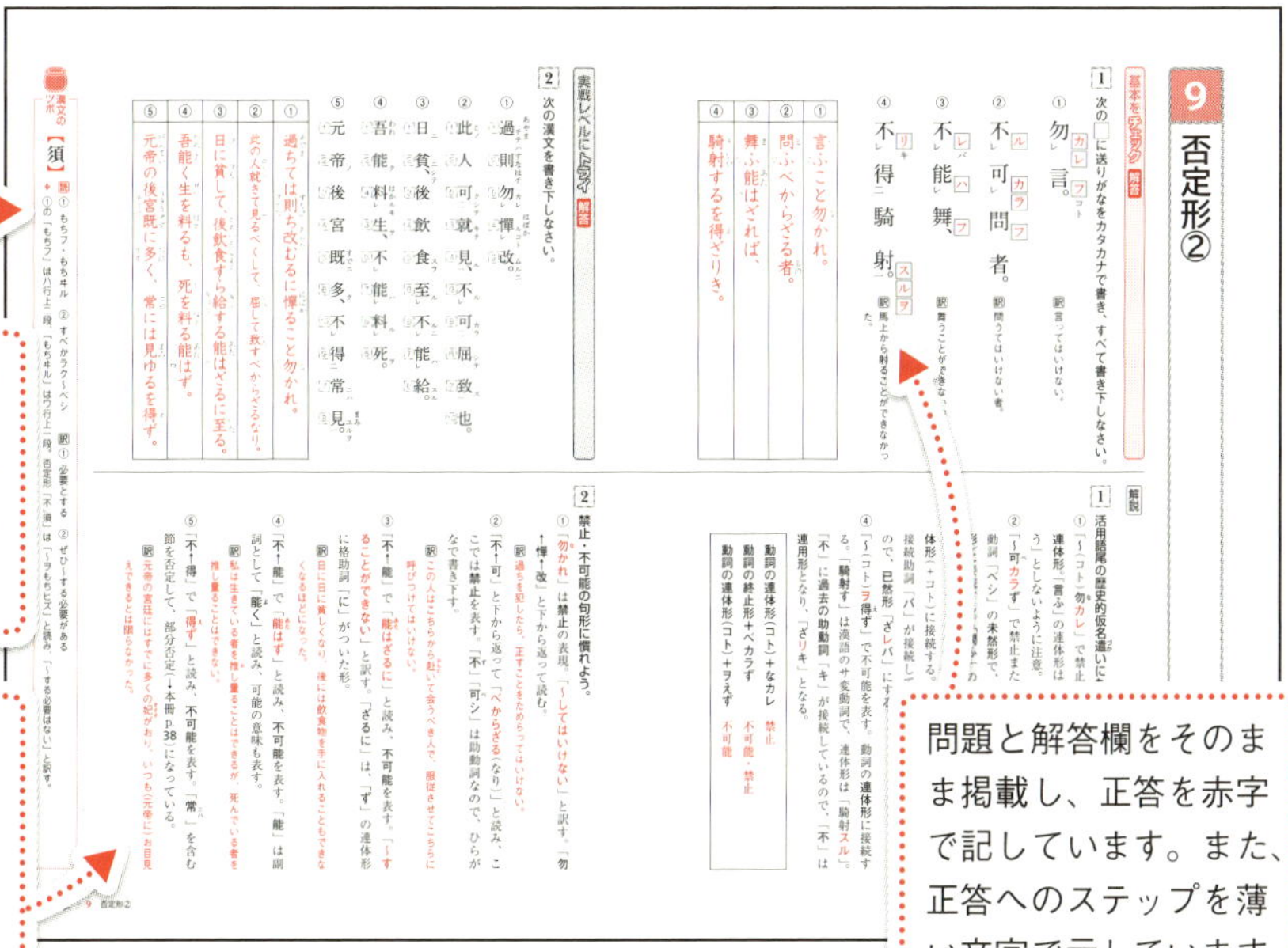

漢文必修ガイダンス その1

1 漢文を見てみよう

「漢文」とは、中国語の古典文を日本語の文語文におきかえて読んだもの。そのための工夫が「**返り点**」「**送りがな**（⬇①）」などの「**訓点**《くんてん》」だ。

我 学 漢 文。

中国語の表記そのまま。

「**白文**《はくぶん》」という。

（読みがな）（送りがな）（返り点）

我《われ》 学ブ二 漢 文ヲ一。

「訓点」をつけて日本語として読む。

「**訓読文**《くんどくぶん》」という。

2 漢文を「書《か》き下《くだ》す」

「送りがな」をおぎなって、「返り点」で読む順番を指定した漢文を、日本語の文語文の表記の仕方で書き表すことを「**書き下す**」という（⬇②）。

（返り点の順番に）（ひらがなに直す）

我[1]漢[2]文[3]を学[4]ぶ。

訓点のとおりに日本語の表記の仕方にしたがって書く。

「**書《か》き下《くだ》し文《ぶん》**」という。

---

① 漢文の送りがな

漢文では、次の要素を「送りがな」として書き示す。

① 活用語尾

笑フ　学問ス　白シ　賢ナリ

② 助詞・助動詞

孔子ハ　山ヨリ　学問シテ　賢人ナリ

③ 副詞・接続詞の最後の一字

豈《あ》ニ　若《も》シ　未《いま》ダ　則《すなは》チ

② 日本語の助詞・助動詞にあたる漢字はひらがなで

日本語の助詞・助動詞にあたる語が漢文では漢字で書き表されることがある。これらの漢字は書き下し文ではひらがなで書き表す。

眼 者《は》 心 之《の》 窓 也《なり》。
→ 読 眼は心の窓なり。

不《ず》レ 忠ナラ
→ 読 忠ならず

見《る》レ 疑ハ
→ 読 疑はる

3 漢文を書き下してみよう

原則、**返り点の示す順番通りに読む**（➡③）。

歴史的仮名遣《づか》い

1 黄《くわう》 2 河《が》 4 入リテレ 3 海ニ 5 流ル。

「レ」によって「入」と「海」の読む順序が入れかわる。→p.12

読みがなは不要

送りがなはひらがなに

四段活用「入《い》る」「入《はい》って」としない

下二段活用「流《なが》る」「流《なが》れる」としない

黄河海に入りて流る。

4 現代語に訳してみよう

ここからは、古文を現代語訳する場合と同じ。

主語を示す助詞をおぎなう

五段活用「入《はい》る」

下一段活用「流《なが》れる」

黄河は海に入って流れる。

---

③ 順番通り読む

訓点にしたがって、順番に読むのが原則。ただし、漢文にあっても書き下すときには読まない字（＝**置き字**→p.18）や、返り点を無視して一度読み、返り点にしたがって、もう一度読む字（＝**再読文字**→p.24）もある。

漢文必修ガイダンス その2

1 漢文の五つの文型

漢文では、文の要素（➡①）は**文の中での位置（語順）で決まる**。次の基本的な五つの文型を覚えることで、読解・解釈がスムーズになり、返り点をほどこす問題などにも強くなれる。（➡②）

1

主語（ハ）（ガ）―述語 スル ダ

主語	述語
1 花	2 咲ク。

読 花咲《はなさ》く。

訳 花が咲く。

2

主語（ハ）（ガ）―述語 スル ダ―目的語 ヲ

主語	述語	目的語
1 狐《きつね》	4 借ル二	2 虎ノ 3 威ヲ一。

読 狐虎《きつねとら》の威《い》を借《か》る。

訳 狐が虎の威勢を借りる。

漢文の語順「述語→目的語」を日本語の語順「目的語→述語」に直す。目的語と述語は必ず下から上に返って読むことになる。

---

① 文の要素

基本的な文の要素は次の四つ。

① **主語**　動作などの主体を表す。「〜ハ」の送りがながつくこともあるが、つかないことも多い。

② **述語**　どうする・どんなだ・何だを表す。漢文では主語のすぐ次に置く。

③ **目的語**　動作を直接受ける対象を示す語。「〜ヲ」で表す。

④ **補語**　述語について説明を加える。「〜ニ・ト・ヨリ（モ）」などの送りがながつくことが多い。

② 「鬼と会ったら返れ」

漢文では「**述語→目的語**」「**述語→補語**」が通常の語順。したがって、日本語の語順に直して書き下す際には、**目的語・補語から返り点で述語に返って**読まなければならない。「ヲ」（**目的語**）「ニ・ト」（**補語**）がつく語が出てきたら、述語に返るという漢文の規則を言い表したのが「鬼と《ヲニト》会ったら返れ」という言葉。

3

主語（ハ）（ガ）—述語 スル ダ—補語 ニ・ト ヨリ（モ）

1 良 2 薬ハ 4 苦二シ × 於 3 口一ニ。

主語：良薬　述語：苦　補語：口

読 良薬《りやうやく》は口《くち》に苦《にが》し。

訳 良い薬は口に苦い。

漢文の語順「述語→補語」を日本語の語順「補語→述語」に直す。補語と述語は必ず下から上に返って読むことになる。

4

主語（ハ）（ガ）—述語 スル ダ—目的語 ヲ—補語 ニ・ト ヨリ（モ）

1 子 2 張 6 問二フ 3 仁ヲ × 於 4 孔 5 子一ニ。

主語：子張　述語：問　目的語：仁　補語：孔子

読 子張《しちやう》仁《じん》を孔子《こうし》に問《と》ふ。

訳 子張が仁を孔子に問う。

5

主語（ハ）（ガ）—述語 スル ダ—補語 ニ—目的語 ヲ

1 孔 2 子 5 与二フ 3 之ニ 4 坐一ヲ。

主語：孔子　述語：与　補語：之　目的語：坐

読 孔子《こうし》之《これ》に坐《ざ》を与《あた》ふ。

訳 孔子はこの人に座席を与えた。

↓ ③にトライ！

---

③ 漢文の文型

次の漢文の文型は上段の**1**～**5**のいずれにあたるか数字で答えなさい。

a 歳 月 不レ 待レ 人ヲ。

読 歳月《さいげつ》人《ひと》を待《ま》たず。

b 大 器ハ 晩 成ス。

読 大器《たいき》は晩成《ばんせい》す。

c 孔 子 問二フ 礼ヲ 於 老 子一ニ。

読 孔子《こうし》礼《れい》を老子《らうし》に問《と》ふ。

d 張《ちやう》 良《りやう》 遺二《おくル》 漢《かん》 王《わうニ》 書一ヲ。

読 張良《ちやうりやう》漢王《かんわう》に書《しょ》を遺《おく》る。

e 苛 政ハ 猛二ナリ 於 虎一ヨリモ。

読 苛政《かせい》は虎《とら》よりも猛《まう》なり。

答え a **2** b **1** c **4** d **5** e **3**

訳
a 年月の流れは人を待たない。
b 大きな器はできるのに時間がかかる。（偉大な人物は大成するのが遅い。）
c 孔子が礼を老子に問う。
d 張良は漢王に手紙を送る。
e 悪い政治は虎よりもひどいものだ。

漢文必修ガイダンス その3

1 古文文法を意識しよう

漢文は、中国語を日本語の「古文」として読んだものだ。したがって、送りがなをつけたり、書き下したりするときには、正しい**歴史的仮名遣《づか》い・古文文法**に従わなければならない。次の文の書き下し文を考えてみよう。

食不レバ飽カ、力不レ足ラ。

訳 食事が十分でないので、力を十分に発揮できない。

「不」は古文文法の**打消の助動詞「ず」**として読む。已然形「ざレ」＋助詞「バ」で順接条件を表し、「〜ないので」などと訳す。ここで、次の①〜⑥に示す活用と接続についての知識が必要になる。

飽《あ》く ＝①カ行四段活用 → 未然形 → 飽か

＋ ず ＝②未然形に接続・④已然形は「ざれ」 → 已然形 → ざれ

＋ ば ＝③理由を表す場合には已然形に接続

飽か ざれ ば、

---

① それぞれの活用形に接続する語

用言の活用形は、**未然形・連用形・終止形・連体形・已然形・命令形**の六つ。それぞれの活用形に、漢文ではおもにどんな語が接続するか確認しておこう。

① **未然形**

笑は－**ず**（打消の助動詞）
しむ（使役の助動詞）
る（受身の助動詞）
ん（推量・意志の助動詞「む」）
ば（仮定条件を表す接続助詞）

② **連用形**

笑ひ－**けり**（過去の助動詞）
き（過去の助動詞）
たり（完了の助動詞）
て（接続助詞）
、（文をいったん中止する）

③ **終止形**

笑ふ－**。**（言い切る）
べし（推量の助動詞）
とも（逆接の仮定条件を表す接続助詞）

足る《た》
未然形
＝⑤ラ行四段活用
＋ ず。
終止形
＝⑥終止形は「ず」

足ら ず。

食飽かざれば、力足らず。

せっかく「不」は打消の助動詞「ず」だとわかるようになっても、現代語に引かれて「飽きず」「足りず」と読んでしまったり、「ず」の已然形「ざれ」が出てこなかったりして、正解をのがしてしまう人は意外に多い。それぞれの漢文句法で必要となる古文文法の接続や活用の知識をそのつど確認して、基本知識と失点を防ぐためのスキルを身につけていってほしい。

飯塚直伝

「漢文は中国語だ」と漠然と考えている人はいないかな。そう考えていると、目からウロコは落ちない。次のように比較すれば、漢文は中国語ではないことがわかる。

食不飽、力不足。

shí bù bǎo, lì bù zú
（シー プー バオ リー プー ズー）→中国語・現代文

読 食飽《しょくあ》かざれば、力足《ちからた》らず。→日本語・古文

---

④ **連体形**
笑ふ－もの・こと・ときなど（体言）
なり（断定の助動詞）
（が・の）ごとし（比況の助動詞）
（こと）なし・なかれ（打消・禁止の助動詞）
が・を・に・よりなど（格助詞）
すら（副助詞）
に（接続助詞）
か・かななど（終助詞）

⑤ **已然形**
笑へ－ば（順接条件を表す接続助詞）
ど・ども（逆接条件を表す接続助詞）
り（完了の助動詞）

⑥ **命令形**
笑へ－。（命令して言い切る）

1 返り点①

漢文（古典中国語）と日本語とでは語順がちがいます。漢文を日本語の語順に合わせて読む（訓読する）ために、読み方の順序を示した記号が「返り点」です。

理解度チェック 100% 75% 50% 25%

まとめ講義

○返り点の読み方

漢字の左下に返り点がついていたら、指示どおりに下の字から上の字に返って読んでから、下に読み進めていく。

○返り点の種類①

レ点《れ》

「レ」の下の字を先に読み、次に上の字に返って読む。

読ムレ書ヲ。（2 1）一字だけ返る

読 書《しよ》を読《よ》む。

訳 書物を読む。

歳月ハ不ずレ待タレ人ヲ。（1 2 5 4 3）

読 歳月《さいげつ》は人《ひと》を待《ま》たず。

訳 年月の流れは人を待たない。

基本をチェック

（解答→別冊 p. 2）

1 □に返り点に従って読む順番を数字で書きなさい。

① □レ □ □レ □。

② □ □レ □レ □レ □。

③ □二 □ □一 □。

④ □三 □ □二 □ □一。

⑤ □三 □二 □ □ □一。

2 □の中の数字の順番に読むように返り点をつけなさい。

① 3 2 1 4。

② 2 1 3 6 5 4。

③ 3 1 2 6 4 5。

④ 6 5 2 1 3 4。

⑤ 1 7 2 6 3 4 5。

一二点《いちに》

「一」「二」等に挟まれた字を上から順に読み、「三」←「二」←「一」と返って読む。

行ク二千里ヲ一。

（読む順：行3 千1 里2）　二以上字返る

読 千里《せんり》を行《ゆ》く。

訳 千里（非常に遠く）までも行く。

使ム三我ヲシテ長タラ二百獣ニ一。

（読む順：使5 我1 長4 百2 獣3）

読 我《われ》をして百獣《ひやくじう》《ジュウ》に長《ちやう》《チョウ》たらしむ。

訳 私をすべての獣《けもの》の長《おさ》とさせている。

吾《われ》日ニ三-省ス二吾《わガ》身ヲ一。

（読む順：吾1 日2 三5－省6 吾3 身4）　二字の熟語に返る場合は、「-」（ハイフン）で結ぶ

読 吾日《われひ》に吾《わ》が身《み》を三省《さんせい》す。

訳 私は一日に自分自身を三度省《かえり》みる。

スキルアップポイント

■二字の熟語の間に「-」が表示されていない場合もある。その場合には、自分でハイフンを記入しよう。そうすれば誤読を防げる。

実戦レベルにトライ（解答→別冊 p. 3）

3 次の漢文に書き下し文の読みになるように返り点をつけなさい。

① 酬 以 金、不《ず》 受。

読 酬《むく》ゆるに金《きん》を以《もっ》てするも、受《う》けず。

② 其 僚 友 咸 側-目 之。

読 其《そ》の僚友《れういう》《リョウユウ》咸之《みなこれ》を側目《そくもく》す。

③ 窃 知 之、常 有 害 我 心。

読 窃《ひそ》かに之《これ》を知《し》り、常《つね》に我《われ》を害《がい》する心有《こころあ》り。

④ 人 皆 有 不《ザル》 忍 人 之《の》 心。

読 人皆人《ひとみなひと》に忍《しの》びざるの心有《こころあ》り。

⑤ 天 下 莫 柔-弱 於 水。

読 天下《てんか》に水《みづ》《ミズ》より柔弱《じうじやく》《ジュウ》なるは莫《な》し。

＊「於」は置き字（→p. 18）で、読まない。

2 返り点②

「一二点」の部分を挟んで返って読むときには「上下点」を用います。さらに「上下点」を挟んで返って読むときには「甲乙点」を用います。「レ点」「上レ点」の読み順にも注意。

理解度チェック
100%
75%
50%
25%

まとめ講義

返り点の種類②

上下点《じょうげ》（上中下点《じょうちゅうげ》）

一二点のついた部分を読み、「上」がついている字から、「下→（中）→上」と返って読む。

有リ下朋《とも》ノ自《よ》リ二遠方一来《きた》ル上。
（読む順番：有6 朋1 自4 遠2 方3 来5）

読 朋《とも》の遠方《えんぽう》より来《き》たる有《あ》り。
訳 友人で遠くから来た者がいる。

不《ず》下為《ため》ニ二児孫ノ一買ハ中美田ヲ上。
（読む順番：不7 為3 児1 孫2 買6 美4 田5）

読 児孫《じそん》の為《ため》に美田《びでん》を買《か》はず。
訳 子孫のために良い田畑は買わない。

一レ点《いちれ》　上レ点《じょうれ》

「レ」に従って、下の字を読んでから、「（二）→一」「下→（中）→上」と返って読む。

勇者ハ不二必ズシモ有ラ一レ仁。
（読む順番：勇1 者2 不6 必3 有5 仁4）

下の字を読んで「二→一」と返って読む

読 勇者《ゆうしゃ》は必《かなら》ずしも仁《じん》有《あ》らず。
訳 勇者には必ずしも仁徳が備わっているわけではない。

基本をチェック （解答→別冊 p.4）

1 □に返り点に従って読む順番を数字で書きなさい。

① □下 □二 □ □一 □上。
② □下 □ □中 □二 □ □一 □上。
③ □ □ □二 □レ □ □一レ □。
④ □下 □二 □ □一 □ □上レ □。
⑤ □乙 □下 □二 □ □一 □上レ □ □甲。

2 □の中の数字の順番に読むように返り点をつけなさい。

① 6 3 1 2 4 5。
② 1 7 4 2 3 5 6 8。
③ 1 2 8 6 3 5 4 7。
④ 8 3 1 2 7 4 6 5。
⑤ 6－7 3 1 2 5 4。

勿《なカレ》下以《テ》二悪《ノ》小《ナルヲ》一為《なスコト》上之《これヲ》。

（読む順番：勿 6　以 3　悪 1　小 2　為 5　之 4）

下の字を読んで「下↑上」と返って読む

読 悪《あく》の小《せう》《シヨウ》なるを以《もつ》て之《これ》を為《な》すこと勿《な》かれ。

訳 たいしたことではないからといって悪事を行うな。

● 「二レ、三レ、中レ、下レ」となることはない。

甲《こう》乙《おつ》点

一二点の部分、さらに上下点の部分を挟んで、「乙↑甲」と返って読む。使用はごくまれ。

天下莫《シ》乙不《ざル》下延《バシテ》レ頸《くびヲ》欲《セ》中為《ために》二太子《ノ》一死《スルヲ》上者甲。

（読む順番：天 1　下 2　莫 12　不 10　延 4　頸 3　欲 9　為 7　太 5　子 6　死 8　者 11）

読 天下《てんか》頸《くび》を延《の》ばして太子《たいし》の為《ため》に死《し》するを欲《ほつ》せざる者《もの》莫《な》し。

訳 世の中に首をのばして太子のために死ぬことを望まない者はいなかった。

スキルアップポイント

■ 甲乙点を挟んで返るときには「天地人点」を用いるが、実際の用例に出くわすことはまずない。

実戦レベルにトライ （解答→別冊 p. 5）

3 次の漢文に書き下し文の読みになるように返り点をつけなさい。

① 有 人 従《より》 長 安 来。

読 人《ひと》の長安《ちやうあん》《チョウ》より来《き》たる有《あ》り。

② 不《ず》 以 私 事 害 公 義。

読 私事《しじ》を以《もつ》て公義《こうぎ》を害《がい》せず。

③ 人 不《ず》 以 善 言 為 賢。

読 人《ひと》は善言《ぜんげん》を以《もつ》て賢《けん》と為《な》さず。

④ 知 欺 大 王 之《の》 罪 当 誅。

読 大王《だいわう》《オウ》を欺《あざむ》くの罪誅《つみちう》《チュウ》に当《あ》たるを知《し》る。

⑤ 所-以 枕 流、欲 洗 其 耳。

読 流《なが》れに枕《まくら》する所以《ゆゑん》《ユエン》は、其《そ》の耳《みみ》を洗《あら》はん《ワ》と欲《ほつ》すればなり。

実力テスト①

・返り点

20分　合格35点　／50点

〈解答→別冊 p.6〉

1 次の文章を読み、後の問いに答えなさい。設問の都合で返り点、送りがなを省いたところがある。

（A）有好鷗*鳥者。*毎旦之キ二海上ニ一、従ヒテ二鷗鳥ニ一遊ブ。其ノ父曰ハク、「鷗鳥皆従ヒテレ汝*ニ遊ブ。汝取リ来タレ。（B）我玩バンレ之ヲ。」明日之ケバ二海上ニ一、鷗鳥舞ヒテ而不レ下ラ也。

（『列子《れっし》』）

語注　*鷗鳥＝カモメ。　*毎旦＝毎朝。　*汝＝あなた。お前。

❶ ——線Aに下の書き下し文にしたがって、返り点と送りがなをつけなさい。〔10点〕

有好鷗鳥者。

❷ ——線Bを書き下しなさい。〔15点〕

書き下し文　通釈

鷗鳥《おうてう》《チョウ》を好《この》む者《もの》有《あ》り。

カモメを好む者がいた。

毎旦《まいたん》海上《かいじやう》《ジョウ》に之《ゆ》き、鷗鳥《おうてう》《チョウ》に従《したが》《イ》ひて遊《あそ》ぶ。

毎朝、海のほとりに行き、カモメとたわむれて遊んだ。

其《そ》の父曰《ちちい》《ワ》はく、「鷗鳥皆汝《おうてうみななんぢ》《チョウ　ナンジ》に従《したが》《イ》ひて遊《あそ》ぶ。

彼の父が言った、「カモメは皆、おまえに慣れ親しんでいるな。

汝《なんぢ》《ナンジ》取《と》り来《き》たれ。我《われ》　玩《もてあそ》《バン》レ　之《これ》《ヲ》。」と。

おまえ、カモメを捕まえて来い。わしもカモメをもてあそびたい」と。

明日《みやうにち》《ミョウ》海上《かいじやう》《ジョウ》に之《ゆ》けば、鷗鳥《おうてう》《チョウ》舞《ま》《イ》ひて下《くだ》らざるなり。

翌日、彼が海のほとりに行くと、カモメは空高く舞ったまま、下りて来ようとしなかった。

2 次の文章を読み、後の問いに答えなさい。設問の都合で返り点、送りがなを省いたところがある。

于生《うせい》(于という姓の男子)が夜中に勉強していると、ふと、緑色の服を着た美女が窓の外から声をかけた、「于さん、よく勉強していますね」。それからというもの、女は毎晩通って来た。ある晩、突然、女の叫び声が聞こえた。見ると、一匹の蜂《はち》が蜘蛛《くも》の巣に捕らえられていた。于生は蜂を助け出し、自分の書斎の机の上に置いた。

停マリ蘇リテ*移シレ時ヲ、始メテ*能ク行歩ス。徐ニ登リ二*硯池ニ一、[A 自以身投墨汁、]出デテ伏ス二*几上ニ一。走リテ作リ二謝ノ字ヲ一、[B 頻りに双翼を展べ、]已ニシテ乃チ穿リテレ*窗ヲ而去ル。

(『聊斎志異《りょうさいしい》』)

語注
*移レ時=しばらくして。　*能=〜できる。
*硯池=硯《すずり》の墨汁を溜《た》めるくぼんだ部分。　*几=机。　*窗=窓。

❶ ——線Aに下の書き下し文にしたがって、返り点と送りがなをつけなさい。〔10点〕

自以身投墨汁、

❷ ——線Bの書き下し文になっている部分を、もとの漢文に戻したい。「頻」「双」「翼」「展」の適切な語順を答えなさい。〔15点〕

走作謝字、□□□□、已乃穿窗而去。

書き下し文 / 通釈

停《とど》まり蘇《よみがへ》《ヨミガエ》りて時《とき》を移《うつ》し、始《はじ》めて能《よ》く行歩《かうほ》《コウホ》す。
息を吹き返してしばらくしてから、やっと歩けるようになった。

徐《おもむろ》に硯池《けんち》に登《のぼ》り、自《みづか》《ミズカ》ら身《み》を以《もつ》て墨汁《ぼくじふ》《ジュウ》に投《とう》じ、
ゆっくりと硯の池に登り、体ごと墨汁の中に飛び込んでから、

出《い》でて几上《きじやう》《ジョウ》に伏《ふ》す。
出てきて机の上にうつ伏せになった。

走《はし》りて「謝《しや》」の字《じ》を作《つく》り、頻《しき》りに双翼《さうよく》《ソウ》を展《の》べ、
歩いて「謝(ありがとう)」の字を書くと、何度も二枚の羽を伸ばして、

已《すで》にして乃《すなは》《スナワ》ち窗《まど》を穿《とほ》《トオ》りて去《さ》る。
やがて窓から飛び去って行った。

3 置き字

「置き字」は文中・文末にあって読まない字です。書き下し文を書くときには、置き字は書き表しません。接続・強調など、一定の働きがありますが、読めない(訓読できない)ため読みません。

理解度チェック

100%
75%
50%
25%

まとめ講義

○置き字の種類

於《オ》・于《ウ》・乎《コ》

文中の補語の前に置く。場所・時間・比較・対象などを表し、「ニ・ト・ヨリ(モ)」を送りがなにする。

3 勿カレレ 2 施スコト二 × 於 1 人ニ一。

読 人《ひと》に施《ほどこ》すこと勿《な》かれ。

訳 他人に行うな。

2 志ス二 × 于 1 学ニ一。

読 学《がく》に志《こころざ》す。

訳 学問に志す。

而《ジ》

文中で順接・逆接の接続詞の働きをする。「テ・デ・シテ・ドモ・モ」を送りがなにする。

1 亡《に》ゲテ × 而 3 入ルレ 2 胡《こ》ニ。

読 亡《に》げて胡《こ》に入《い》る。

訳 逃げて胡に入る。〈順接〉

基本をチェック

(解答→別冊 p.8)

1 次の漢文から置き字をすべて抜き出して書きなさい。

① 入リテ二乎耳ヨリ一出ヅ二於口ヨリ一。

読 耳《みみ》より入《い》りて口《くち》より出《い》づ。

② 良薬ハ苦ケレドモ二於口ニ一而利アリ二於病ニ一。

読 良薬《りやうやく》は口に苦《にが》けれども病《やまひ》に利《り》あり。

①

②

2 次の――線部の置き字の働きは順接か逆接か書きなさい。

① 学ビテ而時ニ習フレ之ヲ。

読 学《まな》びて時《とき》に之《これ》を習《なら》ふ。

② 殺スモレ之ヲ而不レ怨《うら》ミ。

読 之《これ》を殺《ころ》すも怨《うら》みず。

①

②

1 視《み》レドモ ×而 3 不《ず》レ 2 見《エ》。

読 視《み》れども見《み》えず。

訳 見ようとしても見えない。〈逆接〉

矣《イ》・焉《エン》

文末に置いて、断定・強調・確認の気持ちを表す。無理に訳さなくてよい。

1 敲ノ 2 字 3 佳シ ×矣。

読 敲《かう》《コウ》の字《じ》佳《よ》し。

訳 敲の字がよい。

スキルアップポイント

■「而」が順接なのか、逆接なのか、文脈の展開にも関わるので、注意する。

■「焉」には「焉《いづ》くんぞ」などと読み、疑問・反語を表す用法もある。(→p.44)

3 次の□に適当な置き字を「於・而・焉」から選んで書きなさい。

① 青ハ取リテ二之ヲ□藍《あゐ》ヨリ一、□青シ二於藍ヨリモ一。

読 青《あを》《アオ》は之《これ》を藍《あゐ》《アイ》より取《と》りて、藍《あゐ》《アイ》よりも青《あを》《アオ》し。

② 苗ハ則《すなは》チ槁《か》レタリ□。

読 苗《なへ》《ナエ》は則《すなは》《スナワ》ち槁《か》れたり。

③ 過《あやま》チテ□不《ざ》ルレ改メ、是《これ》ヲ謂《い》フレ過チト矣。

読 過《あやま》ちて改《あらた》めざる、是《これ》を過《あやま》ちと謂《い》《ウ》ふ。

実戦レベルにトライ(解答→別冊p.9)

4 次の漢文を書き下しなさい。

① 朝《あした》ニ聞カバレ道ヲ、夕ベニ死ストモ可ナリ矣。

② 君子ハ博《ひろ》ク学ブ二於文ヲ一。

③ 吾《われ》十有五ニシテ而志ス二于学ニ一。

①	②	③

4 返読文字①

述語は、目的語や補語から返って読むことを「漢文の五つの文型」で学びました（→p.8）。その他、常に下から返って読む文字があり、これを「返読文字」といいます。

理解度チェック
100％
75％
50％
25％

まとめ講義

おもな返読文字①

① 否定

不《ず》＝弗《ず》／無《なシ》＝莫《なシ》＝勿《なシ》／非《あらズ》

→p.30「否定形①」

覆水不《ず》レ返ラレ盆ニ。

読 覆水盆《ふくすいぼん》に返《かへ》らず。
訳 こぼれた水は盆の上に返らない。

蛇固ヨリ無《なシ》レ足。

読 蛇固《へびもと》より足《あし》無《な》し。
訳 蛇にはそもそも足がない。

② 禁止

無《なカレ》＝莫《なカレ》＝勿《なカレ》

→p.32「否定形②」

非《あらザレバ》レ礼ニ勿《なカレ》レ言フコト。

読 礼《れい》に非《あら》ざれば言《い》ふこと勿《な》かれ。
訳 儀礼にかなっていないことを言ってはいけない。

③ 使役

使《しム》＝遣《しム》＝令《しム》＝教《しム》

→p.54「使役形」

基本をチェック（解答→別冊p.10）

1 次の［　］に読みがなをひらがなで、□に送りがなをカタカナで書きなさい。

① 学ビテ而不［　］□バレ思□、則《すなはチ》罔《くらシ》。
訳 学んでよく考えないと、道理はわからない。

② 無［　］□ハ二是非之《の》心一、非［　］□□レ人ニ也。
訳 善悪を区別する心がないのは、人間ではない。

③ 君莫［　］□□レ笑フ。
訳 君よ、笑ってはいけない。

④ 王使［　］□二人ヲシテ学バレ之ヲ。
訳 王は人にこれを学ばせた。

⑤ 三《タビ》見［　］レ逐《おハ》二於君ニ一。
訳 三度主君に追い出される。

遣《しム》二将《ヲシテ》守《ラ》レ関《ヲ》。

読 将《しやう》《ショウ》をして関《せき》を守《まも》らしむ。

訳 将軍に関所を守らせる。

④ 受身

被《る・らル》＝見《る・らル》＝所《る・らル》＝為《る・らル》

↓p.56「受身形」

信《ニシテ》而見《る》レ疑《ハ》。

読 信《しん》にして疑《うたが》《ワ》はる。

訳 信義をもっていても疑われる。

⑤ 可能／不可能

可《ベシ》／不《ず》レ可《べカラ》・不《ず》レ能《あたハ》・不《ず》レ得《え》

↓p.32「否定形②」

三軍《モ》可《ベキ》レ奪《フ》レ帥《ヲ》也《なり》。

読 三軍《さんぐん》も帥《すい》を奪《うば》《ウ》ふべきなり。

訳 大軍からでもその大将軍を討ち取ることができる。

弗《ざル》レ能《あたハ》レ応《こたフルなり》也。

読 応《こた》《ウ》ふる能《あた》《ワ》はざるなり。

訳 答えることができない。

●「弗」は「不」の同義字（↓p.30）。

スキルアップポイント

■「不」は、句形として意味の角度から分類すれば、「否定形」。下から返るか返らないかの角度から分類すれば、「返読文字」。漢文では複数の分類基準が共存している。

⑥ 一寸光《ノ》陰不レ［　］可レ［　］□□軽《かろンズ》。

訳 ごくわずかな時間も無駄にしてはいけない。

実戦レベルにトライ（解答↓別冊p.11）

2 次の漢文を書き下しなさい。

① 富貴《ハ》非《ズ》二吾《わガ》願《ヒニ》一。

② 子《し》無《カレ》二敢《あヘテ》食《ラフコト》レ我《ヲ》也。

＊「也」は読まない。

③ 遣《ム》三蘇《そ》武《ぶヲシテ》使《ヒセ》二匈《きよう》奴《どニ》一。

＊「蘇武」は人名。「匈奴」は民族名。

④ 厚《キ》者《ハ》為《レ》レ戮《りくセ》、薄《キ》者《ハ》見《レ》疑《ハ》。

⑤ 終《つひニ》不レ得レ帰《ルコトヲ》レ漢《ニ》。

＊「漢」は国名。

⑤	④	③	②	①

5 返読文字②

「返読文字」には、否定・使役・受身・可能など、句形に属するものがある他、「有・無・多・少・易・難」などもあります。覚えておきましょう。

理解度チェック
100%
75%
50%
25%

まとめ講義

○おもな返読文字②

⑥ 比況

如《ごとシ》＝若《ごとシ》

→ p.68「比況形」

浮《ふ》生《せい》ハ若《ごとシ》レ夢ノ。

読 浮生《ふせい》は夢《ゆめ》のごとし。

訳 定めのない人生は夢のようなものだ。

⑦ 仮定

雖《いへどモ》

→ p.64「仮定形」

雖《いへどモ》レ令ストレ不《ず》レ従ハレ。

読 令《れい》すと雖《いへど》《イエド》も従《したが》は《ワ》れず。

訳 命令を下しても従われない。

⑧ 助詞として読むもの

与《と》／自《より》＝従《より》

「与」は並列・相手を表す助詞「と」、「自」は起点を表す「より」と読む。

臣与《と》二将軍一勠《あ》ハセテレ力ヲ而攻ムレ秦ヲ。

基本をチェック

（解答→別冊p.12）

1 次の［　］に読みがなをひらがなで、□に送りがなをカタカナで書きなさい。

① 其ノ仁ハ［　］□如レ天ノ、其ノ知ハ［　］□如レ神ノ。

訳（皇帝の）その仁愛は天帝のようで、その知識は神のようだ。

② 門ハ［　］□雖レ設クト而常ニ関《と》ザセリ。

訳 門は設けてあるけれどもいつも閉ざしている。

③ 揮《ふる》ヒテレ手ヲ［　］□自レ茲《ここ》去レバ

訳 手を振ってここから去れば

④ ［　］□有二顔回ナル者一、好ムレ学ヲ。

訳 顔回という者がいて、学問を好んでいる。

⑤ 君子ハ［　］□易レ事《つかへ》シテ而［　］□難レ説《よろこ》バシメ也。

訳 君子は仕えやすいが喜ばせにくい。

＊「也」は読まない。

⑨ 有《あ》り／無《な》し／多《おほ》い／少《すくな》い

有《あり》／無《なシ》／多《おほシ》／少《すくなシ》＝寡《すくなシ》

有無や量の多い少ないを表す。

読 臣将軍《しんしやうぐん》と力《ちから》を勠《あ》はせて秦《しん》を攻《せ》む。

訳 私は将軍と力を合わせて秦（国名）を攻めました。

自《より》レ古《いにしへ》皆有《あり》レ死。

読 古《いにしへ》より皆死《みなし》有《あ》り。

訳 古来から誰にでも死はある。

⑩ 易《やす》い／難《かた》い

易《やすシ》／難《かたシ》

容易であること、難しいことやなりにくいことを表す。

少年易《やすク》レ老イ、学難《がたシ》レ成リ。

読 少年《せうねん》老《お》い易《やす》く学成《がくな》り難《がた》し。

訳 少年はすぐに年老いて、学問は成就しにくい。

⑪ その他の頻出返読文字

所《ところ》／所以《ゆゑん》／為《ためニ》／為《たリ》／以《もつテ》／毎《ごとニ》／欲《ほつス》／足《たル》

スキルアップポイント

■ 返り点をつけたり、書き下し文を書いたりするときに、どの文字が「返読文字」であるかを知っていると非常に有利だ。

実戦レベルにトライ （解答→別冊 p.13）

2 次の漢文を書き下しなさい。

① 己《おのれ》ノ所レ不ルレ欲セ、勿カレレ施スコト二於人ニ一。 ＊「於」は置き字。

② 君子ハ不二以テレ言ヲ挙ゲレ人ヲ。

③ 富ト与ハレ貴、是《これ》人之《の》所レ欲スル也《なり》。

④ 不ルレ足ラ下為ニ二外人ノ一道《い》フニ上也。

⑤ 不ルレ知ラ三蔵スルノレ財ヲ所二-以ナルヲ出《ダサ》ルル一也。

①	②	③	④	⑤

6 再読文字①

「再読文字」は二度読む字。返り点を無視して最初に一度読み、返り点にしたがって、二度めを読みます。漢字の読みのほか、返り点をほどこす問題でもねらわれます。

理解度チェック
100％
75％
50％
25％

まとめ講義

○ 再読文字の用法①

未《いまダ／ず》レ A（セ）

読 いまだA（せ）ず。
訳 まだAしない。

未《いまダ／ず》レ 語《ラ》。（3 1 → 2）

読 未《いま》だ語《かた》らず。
訳 まだ語らない。

● 1レ点を無視して「いまダ」と読む。
3レ点にしたがって打消の助動詞「ず」と読む。

将《まさニ／す》レ A（セ）ント

読 まさにA（せ）んとす。
訳 今にもAしそうだ。〈推量〉
今にもAしようとする。〈意志〉

将＝且

将《まさニ／す》レ 殺《サント》レ 之《ヲ》。（4 1 → 3 → 2）

読 将《まさ》に之《これ》を殺《ころ》さんとす。
訳 今にもこれを殺そうとする。

基本をチェック （解答→別冊 p. 14）

1 次の［　］に読みがなをひらがなで、□に送りがなをカタカナで書きなさい。

① 未［　］［　］二□ 嘗《かつテ》 見レ 鬼□。
訳 まだ幽霊を見たことがない。

② 不レ 知《ラ》二 船 之《の》 ［　］将［　］レ□□ 沈□□□。
訳 船が今にも沈もうとしているのがわからない。

③ 君 子 ［　］当［　］レ□□ 如《クナル》レ 此《かく》□ 也《なり》。
訳 君子は当然このようであるべきだ。

● 1 レ点を無視して「まさニ」と読む。
4 レ点にしたがってサ変動詞「す」と読む。

当《まさニ》《ベシ》レ A（ス）
応《まさニ》《ベシ》レ A（ス）

読 まさにA（す）べし。
訳 当然Aすべきだ。〈当然〉
きっとAのはずだ。〈推量〉

人 当《まさニ》《ベシ》レ 惜《シム》二 寸 陰《ヲ》一。

1 人　6 2 当　5 惜　3 寸　4 陰

読 人《ひと》当《まさ》に寸陰《すんいん》を惜《を》《オ》しむべし。
訳 人は少しの時間を当然惜しむべきだ。

● 1 返り点もないのでそのまま主語として読む。
2 返り点を無視して「まさニ」と読む。
6 返り点にしたがって推量の助動詞「ベシ」と読む。

スキルアップポイント

■「当」は当然の用法、「応」は推量の用法が多い。

当 → ・当然Aすべきだ。〈当然〉
応 → ・きっとAのはずだ。〈推量〉

④ ［□］応レ［□］知二故郷ノ事ヲ一。
訳 きっと故郷のことを知っているはずだ。

実戦レベルにトライ

（解答→別冊p.15）

2 次の漢文に書き下し文の読みになるように返り点をつけなさい。

① 引 酒 且 飲 之。
読 酒《さけ》を引《ひ》きて且《まさ》に之《これ》を飲《の》まんとす。

② 汝 遠 来 応 有 意。
読 汝《なんぢ》《ナンジ》の遠《とほ》《トオ》く来《き》たる応《まさ》に意《い》有《あ》るべし。

③ 暮 当 至 馬 陵。
読 暮《く》れには当《まさ》に馬陵《ばりよう》に至《いた》るべし。

④ 未 有 仁 而 遺 其 親 者 也。
読 未《いま》だ仁《じん》にして其《そ》の親《おや》を遺《す》つる者《もの》有《あ》らざるなり。

7 再読文字②

「再読文字」には「未・将・当・応」のほかに「宜・須・猶・盍」もあり、どれも重要です。「盍」は二度めの読みを連体形「ざル」で結ぶことに注意しましょう。

理解度チェック
100%
75%
50%
25%

まとめ講義

○ 再読文字の用法②

宜《よろシク》《ベシ》レ A（ス）

読 よろしくA（す）べし
訳 Aするのがよい

1 臣 4 2 宜《よろシク》《ベキモ》レ 3 従《フ》、5 病 6 甚《はなはダシ》。

読 臣宜《よろ》しく従《したが》ふ《ウ》べきも、病甚《やまひはなは》《ヤマイ》だし。
訳 私はお供するのがよいのだが、病気が重い。

● 2 レ点を無視して「よろシク」と読む。
4 レ点にしたがって**推量の助動詞**「ベシ」と読む。

須《すべかラク》《ベシ》レ A（ス）

読 すべからくA（す）べし
訳 ぜひAする必要がある

4 1 須《すべかラク》《ベシ》レ 3 尽《クス》レ 2 歓《よろこビヲ》。

読 須《すべか》らく歓《よろこ》びを尽《つ》くすべし。
訳 ぜひ歓楽を尽くす必要がある。

基本をチェック （解答→別冊 p.16）

1 次の［　］に読みがなをひらがなで、□に送りがなをカタカナで書きなさい。

① 仁者ハ宜［　］□□［　］□レ在□二高位ニ一。
訳 仁徳のある人は高い位にあるのがよい。

② 為スニハレ事ヲ須［　］□□［　］□レ慎ムレ始メ□。
訳 事を行うには始めを慎重にする必要がある。

③ 猶［　］□［　］□二水ノ勝□□レ火ニ一。
訳 ちょうど水が火に勝つのと同じだ。

● 1 レ点を無視して「すべからク」と読む。
4 レ点にしたがって**推量の助動詞**「べシ」と読む。

猶《なホ》レ《ごとシ》 A ノ・(スル)ガ

読 なほ《オ》Aのごとし・なほ《オ》A(する)がごとし
訳 ちょうどA(するの)と同じだ

1 過《ギタ》ルハ 5 2 猶《なホ》レ《ごとシ》 4 不《ルガ》レ 3 及《バ》。

読 過《す》ぎたるは猶《な》ほ《オ》及《およ》ばざるがごとし。
訳 やり過ぎはちょうど足りないのと同じだ。

● 2 レ点を無視して「なホ」と読む。
5 レ点にしたがって**比況の助動詞**「ごとシ」と読む。

盍《なんゾ》レ《ざル》 A (セ)

読 なんぞA(せ)ざる
訳 どうしてAしないのか〈疑問〉
Aしてはどうか〈勧誘〉

4 1 盍《なんゾ》二《ざル》 2 往《キテ》 3 帰《きセ》一 × 焉。

読 盍《なん》ぞ往《ゆ》きて帰《き》せざる。
訳 どうして行って身を寄せないのか。
行って身を寄せてはどうか。

● 1 二点を無視して「なんゾ」と読む。
4 一二点にしたがって**打消の助動詞**「ず」の**連体形**「ざル」と読む。

④ 子曰《ハク》、［　］盍レ［　］□□□学。□

訳 先生がおっしゃる、どうして学ばないのかと。

実戦レベルにトライ (解答→別冊 p.17)

2 次の漢文に書き下し文の読みになるように返り点をつけなさい。

① 過則宜改之。
読 過《あやま》てば則《すなは》ち《スナワ》宜《よろ》しく之《これ》を改《あらた》むべし。

② 須常思病苦時。
読 須《すべか》らく常《つね》に病苦《びやうく》《ビョウ》の時《とき》を思《おも》ふ《ウ》べし。

③ 猶百獣之畏虎也。
読 猶《な》ほ《オ》百獣《ひやくじう》《ジュウ》の虎《とら》を畏《おそ》るるがごときなり。

④ 子盍為我言之。
読 子《し》盍《なん》ぞ我《わ》が為《ため》に之《これ》を言《い》は《ワ》ざる。

実力テスト②

●置き字・返読文字・再読文字

20分　合格35点　／50点

〈解答→別冊 p.18〉

□ 次の文章を読み、後の問いに答えなさい。設問の都合で返り点、送りがなを省いたところがある。

汝*南ノ*桓景、随ヒテ二費長房ニ一遊学スルコト累年ナリ。長房謂ヒテ曰ハク、「九月九日、汝ガ家中ニA当有災。B宜シクシ二急ギ去ル一。令メバ下家人ヲシテ各〻作リ二*絳キ囊ヲ一、盛リテ二*茱萸ヲ一、以テ繫ケレ臂ニ、登ツテレ高キニ飲マ中菊花ノ酒ヲ上、此ノ禍可シトレ除ク。」景如クシレ言ノ、斉ヘレ家ヲ登リレ山ニ、夕ベニ還リテ見ル二鶏犬羊一時ニ*暴死スルヲ一。

（『続斉諧記《ぞくせいかいき》』）

語注

*汝南＝地名。　*桓景・費長房＝ともに人名。　*絳囊＝赤い袋。

*茱萸＝中国原産のミカン科の果実。呉茱萸《ごしゅゆ》。　*暴死＝急死。

書き下し文　通釈

汝南《じよなん》の桓景《くわんけい》《カン》、費長房《ひちやうばう》《チョウボウ》に随《したが》《イ》ひて、遊学《いうがく》《ユウ》すること累年《るゐねん》《ルイ》なり。

汝南の桓景は、費長房につきしたがって、家を離れて何年間も勉強した。

長房《ちやうばう》《チョウボウ》謂《い》《イ》ひて曰《い》《ワ》はく、「九月九日《くぐわつここのか》《ガツ》、汝《なんぢ》《ナンジ》が家中《かちう》《チュウ》に当《まさ》に災《わざわ》《イ》ひ有《あ》るべし。宜二急去一。

長房が言った、「九月九日にお前の家の中に

家人《かじん》をして各々《おのおの》絳《あか》き囊《ふくろ》を作《つく》り、茱萸《しゆゆ》を盛《も》りて、

家族一人一人に赤い嚢を作らせ、それに呉茱萸を入れて、

以《もつ》て臂《うで》に繫《か》け、高《たか》きに登《のぼ》つて菊花《きくくわ》《カ》の酒《さけ》を飲《の》ましめば、

腕に下げ、高い丘に登って菊花酒を飲ませれば、

この禍《わざわひ》《ワザワイ》除《のぞ》くべし」と。景言《けいげん》のごとくし、家《いへ》《イエ》を斉《ととの》《エ》へ山《やま》に登《のぼ》り、

この災いを除くことができる」と。桓景はこの言葉の通りに家族を全員集めて山に登り、

夕《ゆふ》《ユウ》べに還《かへ》《カエ》りて鶏犬羊《けいけんやう》《ヨウ》一時《いちじ》に暴死《ばうし》《ボウ》するを見《み》る。

夕方になって帰って来ると、鶏・犬・羊が一度に急死しているのを見た。

1

——線Aについて、

(a)下の書き下し文にしたがって、返り点と送りがなをつけなさい。〔6点〕

当 有 災。

(b)現代語に訳しなさい。〔6点〕

2

——線Bについて、

(a)書き下しなさい。〔6点〕

(b)現代語に訳しなさい。〔6点〕

3

～～線「有」「令」「可」について、すべてひらがなで終止形(基本形)と現代語訳を答えなさい。また、これらのように必ず下から返って読む字を何というか、空欄に適当な語を答えなさい。〔5点×3／3点〕

	終止形(基本形)	現代語訳
有		
令		
可		

［　　　］文字

4

次の空欄に適当な語を入れ、本文の内容に合致する文を完成させなさい。〔4点×2〕

［　　　］は［　　　］の忠告にしたがい、家族を救った。

8 否定形①

否定形には単純否定・二重否定・部分否定など、さまざまな形があります。まずは単純否定の三つの句法を確実に身につけよう。

理解度チェック
100%
75%
50%
25%

まとめ講義

○単純な否定

不《ず》レA（セ）

読 A（せ）ず
訳 Aしない

不＝弗

舎《す》テテ二其ノ路《みち》ヲ一而弗《ず》レ由《よ》ラ。

読 其《そ》の路《みち》を舎《す》てて由《よ》らず。
訳 その（正しい）道を捨ててしたがわない。

●返読文字で、**活用語の未然形**から返って読む。

●「ず」は日本語の打消の助動詞。**連体形**は「ざル」、**已然形**は「ざレ」で、連体形「ぬ」・已然形「ね」は用いない。

無《な》シレA（スル）

読 A（する）なし
訳 A（するもの）はない

無＝莫・勿

有レバレ備ヘ無《な》シレ患《うれ》ヒ。

読 備《そな》へ《エ》有《あ》れば患《うれ》ひ《イ》無《な》し。
訳 きちんと備えていれば不安はない。

基本をチェック

（解答→別冊 p.20）

1 次の打消の助動詞「ず」と形容詞「なし」の活用表を完成させなさい。送りがなになる部分はカタカナで書くこと。

	未然形	連用形	終止形	連体形	已然形	命令形
ず				○	○	○
			○			
なシ						○
			○		○	

2 次の□に送りがなをカタカナで、［　］にあてはまる読みをすべてひらがなで書きなさい。

① 不□レ学バ者。
訳 学ばない者。
読 学ば［　　］者。

② 無□□ン二学ブ者一。
訳 学ぶ者はいないだろう。
読 学ぶ者［　　］ん。

③ 非□□バ二君子ニ一、
訳 もし君子でないならば、
読 君子に［　　］ば、

● 返読文字で、①体言（↓例文）、②活用語の連体形（Aスル）、③連体形＋「モノ・コト」（Aスルモノ・Aスルコト）から返って読む。

● 「なシ」は日本語の形容詞「無し」。活用語尾をカタカナで送りがなとする。

非《あらズ》レ **A**（スル）ニ

読 A（する）にあらず

訳 A（するの）ではない

非＝匪

人ハ非《あらズ》二木石ニ一。

読 人《ひと》は木石《ぼくせき》に非《あら》ず。

訳 人は木や石ではない。

● 返読文字で、①体言＋「ニ」（↓例文）、②活用語の連体形＋「ニ」（Aスルニ）から返って読む。

● 「あらズ」の「ズ」は日本語の打消の助動詞。カタカナで送りがなとする。

スキルアップポイント

■ 語形変化のない中国語では、「無・莫・勿」を否定形「なシ」、禁止形「なカレ」のいずれとしても用いる。文脈から否定・禁止のいずれであるかを判断して、それに応じた読み方をする必要がある。

④ 非二□□バ君子ニ一、

訳 君子ではないので、

読 君子に［　　］ば、

実戦レベルにトライ（解答↓別冊 p.21）

3 次の漢文を書き下しなさい。

① 不レシテ告ゲ二姓名ヲ一而去ル。

② 城不レンバ入ラ、臣請フ完ウシテレ璧《へき》ヲ帰ランレ趙ニ。

＊「趙」は国名。

③ 自《より》レ古《いにしへ》皆有リレ死、民無クンバレ信不レ立タ。

④ 若《なんぢ》ハ非ズ二吾《わが》故人ニ一乎《や》。

①	②	③	④

9 否定形②

否定形「無・勿・莫」は「なかれ」と読んで禁止形になります。「不可」には、不可能と禁止の意味があります。「能」は可能形のときには「よく」、不可能形のときには「あたは」と読むことに注意。

理解度チェック 100％ 75％ 50％ 25％

まとめ講義

● 禁止形・不可能形

無《なカレ》レA（スル）（コト）

読 A（する）（こと）なかれ
訳 Aしてはいけない〈禁止〉

無＝莫・勿

慎《ミテ》勿《なカレ》レ語《ル》。

読 慎《つつし》みて語《かた》る勿《な》かれ。
訳 我慢をして話してはいけない。

● 返読文字で、①**活用語の連体形**（→例文）、②**連体形＋「コト」**（Aスルコト）から返って読む。

● 「なカレ」は「なシ」の命令形。

不《ず》レ可《ベカラ》レA（ス）

読 A（す）べからず
訳 Aしてはいけない〈禁止〉
Aすることができない〈不可能〉

不《ず》レ可《ベカラ》二妄《リニ》近《ヅク》一。

読 妄《みだ》りに近《ちか》づくべからず。
訳 不用意に近づいてはいけない。〈禁止〉

飢《エテ》不《ず》レ可《ベカラ》レ忍《ブ》。

読 飢《う》ゑ《ヱ》て忍《しの》ぶべからず。
訳 飢えて耐えることができない。〈不可能〉

基本をチェック

（解答→別冊 p.22）

1 次の□に送りがなをカタカナで書き、すべて書き下しなさい。

① 勿□□レ言□コト。 訳 言ってはいけない。

② 不□レ可□□レ問□者。 訳 問うてはいけない者。

③ 不□バレ能□レ舞□、 訳 舞うことができないので、

④ 不□キレ得二騎射一□□□。 訳 馬上から射ることができなかった。

①	②	③	④

● 返読文字で、**活用語の終止形（ラ変動詞は連体形）**から返って読む。

● 「ベカラ」は推量の助動詞「ベシ」の未然形。書き下すときはひらがなで書き下す。

不《ず》㆑能《あた》ハ㆑A（スル）（コト）

読 A（する）（こと）あたは《ワ》ず

訳 Aすることができない〈不可能〉

不《ず》㆑能《あた》ハ㆑尽《つ》クサシムル㆓其ノ材《さい》ヲ㆒。

読 其《そ》の材《さい》を尽《つ》くさしむる能《あた》は《ワ》ず。

訳 その才能を存分に発揮させることができない。

● 返読文字で、①**活用語の連体形**（↓例文）、②**連体形＋「コト」**（Aスルコト）から返って読む。

● 「あたハ」は、可能を表す動詞「あたフ」の未然形。「能」は可能形では「**能《よ》ク**」と読む。

不《ず》㆑得《え》㆑A（スル）ヲ

読 A（する）をえず

訳 Aすることができない〈不可能〉

荘 不《ず》㆑得《え》㆑撃ツヲ。

読 荘《さう》撃《う》つを得《え》ず。

訳 項荘《ソウ》（人名）は討ちかかることができない。

● 返読文字で、①**活用語の連体形＋「ヲ」**（↓例文）、②**連体形＋「コト」＋「ヲ」**（Aスルコトヲ）から返って読む。

実戦レベルにトライ（解答→別冊 p.23）

2 次の漢文を書き下しなさい。

① 過《あやま》チテハ則《すなは》チ勿カレ㆑憚《はばか》ルコト㆑改ムルニ。

② 此《こ》ノ人可クシテ㆓就キテ見ル㆒、不ル㆑可カラ㆓屈シテ致ス㆒也。

③ 日ニ貧ニシテ、後飲食スラ至ル㆑不ルニ㆑能ハ㆑給スル。

④ 吾《われ》能ク料《はか》ルモ㆑生ヲ、不㆑能ハ㆑料ル㆑死ヲ。

⑤ 元帝ノ後宮既《すで》ニ多ク、不㆑得㆓常ニハ見《まみ》ユルヲ㆒。

⑤	④	③	②	①

10 否定形③

否定形を二字用いる二重否定形をマスターしよう。「未嘗不」の形では、二字の否定形を「ずんばあら」という独特な読み方でつなぐ。しっかり覚えよう。

理解度チェック
100%
75%
50%
25%

まとめ講義

二重否定①

無《なシ》レ不《ざル（ハ）》レA（セ）

読 A（せ）ざる（は）なし
訳 Aしないものはない

● 活用語の未然形から「ず」の連体形「ザル」へ返り、さらに「なシ」へ返る。

無《なキ》レ不《ざル》レ陥《とほサ》也《なり》。

読 陥《とほ》さざる無《な》きなり。
訳 突き通さないものはない。

無《なシ》レ非《あらザル（ハ）》レA二

読 Aにあらざる（は）なし
訳 Aでないものはない

● 名詞＋「ニ」から「あらズ」の連体形「あらザル」へ返り、さらに「なシ」へ返る。

莫《なシ》レ非《あらザル》二王土一。ニ

読 王土《わうど》に非《あら》ざる莫《な》し。
訳 王の領土でないところはない。

非《あらズ》レ不《ざルニ》レA（セ）

読 A（せ）ざるにあらず
訳 Aしないのではない

基本をチェック （解答→別冊 p.24）

1 次の□に送りがなをカタカナで書き、すべて現代語に訳しなさい。

① 無レ□不二□ハ称賛一。□

② 無レ□非二□□名馬一。□

③ 過《チテ》非レ□不レ□□改。□

④ 非レ□□無二□□疑心一也。

①	②	③	④

非《あらザル》レ不《ざルニ》レ能《あたハ》也。

読 能《あた》はざるに非《あら》ざるなり。

訳 できないのではないのだ。

● 活用語の未然形から「ず」の連体形「ザル」＋「ニ」に返り、さらに「あらズ」へ返る。

非《あらズ》レ無《なキニ》レA

読 Aなきにあらず

訳 Aがないのではない

非《あらザル》レ無《なキニ》二安居一也。

読 安居《あんきよ》無《な》きに非《あら》ざるなり。

訳 満足できる場所がないのではない。

● ①体言、②連体形＋「コト・モノ」から「なシ」の連体形「なキ」＋「ニ」に返り、さらに「あらズ」へ返る。

未《いまダ》二嘗《かつテ》不《ずンバアラ》一A（セ）ず

読 いまだかつてA（せ）ずんばあらず

訳 今まで一度もAしなかったことはない

未《いまダ》二嘗《かつテ》不《ずンバアラ》一得《え》レ見《まみユルコトヲ》。

読 未《いま》だ嘗《かつ》て見《まみ》ゆることを得《え》ずんばあらず。

訳 今まで一度もお目にかかれなかったことはない。

● 「不A」の「不」の読みが「ずンバアラ」となり、再読文字「未」の二度めの読みの「ず」でこれを否定する。副詞「嘗テ」をともなう。

実戦レベルにトライ（解答→別冊p.25）

2 次の漢文を書き下しなさい。

① 莫シレ不ルモノレ失ハレ色ヲ。

② 天下莫キレ不ルレ知ラ、莫シ二能ク行フコトヲ一。

③ 非ザルレ不ルニレ説《よろこ》バ二於大功ヲ一也。

④ 君子非ズレ無キレ過チ。

⑤ 客ノ至ル、未ダ三嘗テ不ンバアラ二置酒セ一。

①	②	③	④	⑤

11 否定形④

不可能形と否定形の複合した二重否定形をマスターしよう。「しなければならない」「しないではいられない」という訳し方を覚えよう。「不敢不」の形では、「ずんばあら」という読み方に注意。

理解度チェック 100% 75% 50% 25%

まとめ講義

不《ず》レ可ベカラレ不《ざ》ルレA（セ）

読 A（せ）ざるべからず
訳 Aしなければならない

● 二重否定②

不《ず》レ可《べカラ》レ不《ざ》ル二自ラ勉メ一。

読 自《みづか》《ミズカ》ら勉《つと》めざるべからず。
訳 自分から努力しなければならない。

● 「不A」で「Aしない」。これを「不可不A」と禁止する。「Aしないことはいけない」→「Aしなければならない」という意味になる。

不《ず》レ得《え》レ不《ざ》ルヲレA（セ）

読 A（せ）ざるをえず
訳 Aしないではいられない

不《ず》レ能《あた》ハレ不《ざ》ルレA（セ）

読 A（せ）ざるあたは《ワ》ず
訳 Aしないではいられない

基本をチェック （解答→別冊p.26）

1 次の□に送りがなをカタカナで書き、すべて現代語に訳しなさい。

① 急病ナレバ不レ可□□レ不□レ帰□。

② 不レ得レ不□□レ省《かへり》ミ二我ガ身ヲ一。

③ 皆不□ンレ能□レ不□レ笑□。

④ 不三敢□□不□□□□二忠告□一。

①	②	③	④

不《ず》レ得《え》二陳《の》ベテレ言ヲ而不《ざ》ルヲレ当タラ。

読 言《げん》を陳《の》べて当《あ》たらざるを得《え》ず。

訳 （自分の職務を）述べてその通りにしないではいられない。

● 「不得」「不能」は不可能を表す。「Aしないことができない」→「Aしないではいられない」という意味になる。

不《ず》二敢《あ》ヘテ不《ず》ンバアラ一レA（セ）

読 あへ《エ》てA（せ）ずんばあらず

訳 Aしないわけにはいかない

喪ノ事ハ不《ず》二敢《あ》ヘテ不《ず》ンバアラ一レ勉メ。

読 喪《も》の事《こと》は敢《あ》へ《エ》て勉《つと》めずんばあらず。

訳 葬送のことはきちんとしないわけにはいかない。

● 「不A」の「不」の読みが「ずンバアラ」となり、これをさらに否定し、「Aしないではいられない」→「Aしないわけにはいかない」という意味になる。

スキルアップポイント

■ 「ずんばあら」という読み方は、打消の助動詞「ず」と助詞「は」の間に「ん」が入り（加音）、「は」が濁音化し、さらに、ラ変動詞「あり」の未然形「あら」がついたもの。

実戦レベルにトライ （解答→別冊 p.27）

2 次の漢文を書き下しなさい。

① 父母之《の》年ハ不ルレ可カラレ不ルレ知ラ也。

② 而《しか》シテ怨ミハ則チ不レ可カラレ不ルレ忘レ。

③ 不レ得レ不ルヲ二以テレ死ヲ争一ハ。

④ 而《しかう》シテ利スルレ物ヲ者《は》又不レ能ハレ不ルレ争ハ。

⑤ 趙王恐レ、不二敢ヘテ不ンバアラ一レ献ゼ。

⑤	④	③	②	①

12 否定形⑤

否定語「不」と副詞の組み合わせにより成り立つのが、部分否定または全部否定です。否定語と副詞の語順に注意。否定語が副詞の上にあれば部分否定です。

理解度チェック
100％
75％
50％
25％

まとめ講義

部分否定と全部否定

〈部分否定〉

不《ず》二常《つね》ニハA（セ）一

読 つねにはA（せ）ず

訳 いつもAするとは限らない

否定語が副詞の上

不《ず》二常《つね》ニハ得レ油ヲ一。

読 常《つね》には油《あぶら》を得《え》ず。

訳 いつも油が手に入るとは限らない。

〈全部否定〉

常《つね》ニ不《ず》レA（セ）

読 つねにA（せ）ず

訳 いつもAしない

否定語が副詞の下

常《つね》ニ不《ず》レ得レ油ヲ。

読 常《つね》に油《あぶら》を得《え》ず。

訳 いつも油が手に入らない。

● 部分否定は、「副詞＋A」を「不」で否定する形。全部否定は「不＋A」を副詞が修飾する形。

〈部分否定〉 不二常A一　〈全部否定〉 常不レA

基本をチェック

（解答→別冊 p.28）

1 次の□に送りがなをカタカナで書き、すべて現代語に訳しなさい。

① 不二常□□教□一。

② 常□不レ教□。

③ 不二□ン倶□□生キ一。

④ 倶□不レ□ン生キ。

⑤ 不二復□来《きた》□一。

⑥ 復□不レ来□。

①	②	③	④	⑤	⑥

おもな部分否定

＊——線部は部分否定のときに用いる。

句形	読	訳
不《ず》二必《かなら》ズシモA（セ）一	かならずしもA（せ）ず	必ずAするとは限らない
不《ず》二復《ま》タA（セ）一	またA（せ）ず	二度とAしない・決してAしない
不《ず》二倶《とも》ニハA（セ）一	ともにはA（せ）ず	両方はAしない
不《ず》二甚《はなは》ダシクハA（セ）一	はなはだしくはA（せ）ず	それほどひどくはAしない

不二必《かなら》ズシモ有一ラレ仁。
読 必《かなら》ずしも仁《じん》有《あ》らず。
訳 必ず仁徳があるとは限らない。

一《ひと》タビ去リテ不《ず》二復《ま》タ返一ラ。
読 一《ひと》たび去《さ》りて復《ま》た返《かへ》らず。
訳 一度去ると二度と帰《カエ》らない。

● 「必ズ」「倶ニ」「甚ダシク」を部分否定に用いる場合、「必ズシモ」「倶ニハ」「甚ダシクハ」と助詞をつける。

スキルアップポイント

■ 部分否定のときには、副詞の読みに「ハ」を加えるが、「復《ま》た」「必《かなら》ずしも」だけは例外なので注意。

実戦レベルにトライ（解答→別冊 p.29）

2 次の漢文を書き下し、部分否定か全部否定か、適当なほうに○をつけなさい。

① 常ニ不レ失ハ二於君子タルヲ一。

② 有ルレ言者ハ、不二必ズシモ有一ラレ徳。

③ 兎《うさぎ》不レ可カラ二復タ得一。

④ 倶ニ不レ得二其ノ死一ヲ然。

＊「然」は読まない。

⑤ 好ミテ読メドモレ書ヲ、不レ求メ二甚ダシクハ解一スルヲ。

①	②	③	④	⑤
（　）部分否定 （　）全部否定	（　）部分否定 （　）全部否定	（　）部分否定 （　）全部否定	（　）部分否定 （　）全部否定	（　）部分否定 （　）全部否定

実力テスト③

● 否定形

20分　合格35点　/50点

〈解答→別冊 p.30〉

□ 次の文章を読み、後の問いに答えなさい。設問の都合で返り点、送りがなを省いたところがある。

*石崇ノ*厠ニハ常ニ有リ二十余ノ*婢ノ侍列スル一。皆麗服*藻飾ス。置キ二*甲煎粉、沈香汁之属ヲ一、A無レ不二畢備一。又与ヘテ二新衣ヲ一著テ B令レ出。C客多羞不能如厠。*王大将軍往キ、脱ギ二［ア］ヲ一著テ二［イ］ヲ一、*神色*傲然タリ。群婢相謂ヒテ曰ハク、D此ノ客必ズ能ク*作サントレ賊ヲ。

（『世説新語《せせつしんご》』）

語注

*石崇＝中国・晋の時代の人。大富豪。　*厠＝便所。

*婢＝女性の召使い。侍女。　*藻飾＝美しく着飾る。

*甲煎粉、沈香汁＝香りの粉、香水の類。

*王大将軍＝王敦。後に反乱を起こす。　*神色＝態度。

*傲然＝傲慢。　*作レ賊＝反乱を起こす。

書き下し文　通釈

石崇《せきすう》の厠《かはや》《カワヤ》には常《つね》に十余《じふよ》《ジュウ》の婢《ひ》の侍列《じれつ》する有《あ》り。

石崇の邸宅の便所には、いつも十数人の女性の召使いが控えていた。


皆麗服藻飾《みなれいふくさうしよく》《ソウ》す。

みなきれいな衣服で美しく着飾っていた。

甲煎粉《かふせんふん》《コウ》、沈香汁《ちんかうじふ》《コウジュウ》の属《ぞく》を置《お》き、
香料を混ぜた粉や香りのよい香水の類を置き、

無レ不二畢備一。又新衣《またしんい》を与《あた》《エ》へて著《き》て令レ出。
［　　］。また、新しい衣服を与え、それを着てから便所から出させた。

客多羞不能如厠。

客の多くは恥ずかしくて便所に行くことができなかった。


王大将軍《わうだいしやうぐん》《オウ　ショウ》往《ゆ》き、［ア］を脱《ぬ》ぎ［イ］を著《き》て、神色傲然《しんしよくがうぜん》《ゴウ》たり。

ある時、王敦《おうとん》大将軍が便所に行き、何のためらいもなく着ていた［　］を脱ぎ捨て［　］を着て、その態度は傲慢であった。


群婢相謂《ぐんぴあひい》《アイイ》ひて曰《い》《ワ》はく、「此《こ》の客必《かくかなら》ず能《よ》く賊《ぞく》を作《な》さん」と。

女性の召使いたちは互いにこう言い合った、「この客は、将来きっと反乱を起こすことでしょう」と。

❶ ――線Aについて、

(a)書き下しなさい。「畢 備」は、言い切りでは「畢《ことごと》く備《そな》ふ」と読む。〔10点〕

(b)現代語訳として適当なものを選び、記号で答えなさい。〔7点〕

① きれいに整えられていた。
② 完全には整っていなかった。
③ みんな備わっていたわけではなかった。
④ みんな備わっていない物はなかった。

❷ ――線Bの読み方として適当なものを選び、記号で答えなさい。〔7点〕

① れいいでたり。　② れいいだす。
③ れいをしていでしむ。　④ いでしむ。
⑤ いだされしむ。

❸ ――線Cの書き下し文として適当なものを選び、記号で答えなさい。〔7点〕

① 客羞《は》づること多く厠に如《ゆ》く能はず。
② 客多く厠に如《ゆ》く能はざるを羞づ。
③ 客多く厠の如《し》く能はざるを羞づ。
④ 客厠の如《し》かざるを羞づること多し。
⑤ 客多く不能を羞ぢて厠に如《ゆ》く。

❹ ア イ に入る語として適当なものを選び、記号で答えなさい。〔7点〕

① 新衣　② 故衣　③ 麗服　④ 平服

ア

イ

❺ ――線Dについて、「群婢」がこのように言い合ったのは、どのような理由からか、答えなさい。〔12点〕

13 疑問・反語形①

疑問形を応用して肯定・否定を強調するのが反語形で、両者は非常に似た句形になります。まずは、文末が「〜か（疑問）」なのか、「〜んや（反語）」なのかなど、形の違いに注意しましょう。

理解度チェック
100%
75%
50%
25%

まとめ講義

○ 文末の助字のみ用いる形

A（スル）乎《か（や）》
A（セ）ン乎《や》

読 A（する）か・A（する）や
訳 Aか・Aするか〈疑問〉
読 A（せ）んや
訳 Aするだろうか。いや、Aしない〈反語〉

乎＝邪・耶・哉・也・与

子《し》好《ム》レ勇《ヲ》乎《か》。
読 子《し》勇《ゆう》を好《この》むか。
訳 あなたは勇ましさを好むか。〈疑問〉

可《ケン》レ不《ル》レ勉《メ》与《や》。
読 勉《つと》めざるべけんや。
訳 努力しないでいられるだろうか。いや、努力せずにはいられない。〈反語〉

● 疑問・反語形には次の三つのタイプがある。

疑問・反語形のタイプ	疑問形の文末	反語形の文末
① 文末の助字のみ用いる	名詞・連体形＋か 終止形＋や	未然形＋ンや
② 疑問詞のみ用いる	連体形	未然形＋ン
③ 助字、疑問詞ともに用いる	連体形＋や	未然形＋ンや

基本をチェック

（解答→別冊 p.32）

1 次の「　」に読みがなをひらがなで、□に送りがなをカタカナで書きなさい。

① 君子《モ》亦《まタ》有《ル》レ窮《スルコト》乎「　」。
訳 君子でも困窮することがあるか。

② 愛《シテ》レ之《ヲ》能《ク》勿《カ》□□レ労《スルコト》也「　」。
訳 人を愛して（その人を）励まさずにいられるだろうか。いや、励まさずにはいられない。

③ 吾何「　」□愛《を》□□□二一牛《ヲ》一。
訳 私がどうして一頭の牛を惜しむだろうか。いや、惜しまない。

④ 何「　」□富貴《トナ》□□也「　」。
訳 どうして金持ちになるだろうか。いや、なるはずがない。

◯ 疑問詞を用いる形①

何《なん》ゾ A（スル）（乎）ヤ
何《なん》ゾ A（セ）ン（乎）ヤ

読 なんぞA（する）（や）
訳 どうしてAするのか〈疑問〉
読 なんぞA（せ）ん（や）
訳 どうしてAするだろうか。いや、Aしない〈反語〉

何＝胡・奚・曷・何遽

子 奚《なん》ゾ 不ルレ 為《な》サレ 政ヲ。
読 子《し》奚《なん》ぞ政《まつりごと》を為《な》さざる。
訳 どうしてあなたは政治をなさらないのですか。〈疑問〉

何《なん》ゾ 伸《の》ベン二 雅 懐ヲ一。
読 何《なん》ぞ雅懐《がくわい》《カイ》を伸《の》べん。
訳 どうして風雅な思いを述べられるだろうか。いや、述べられない。〈反語〉

〈文末の助字、疑問詞ともに用いる形〉

何《なん》ゾ 見《ら》ルルレ 謝セ 也ヤ。
読 何《なん》ぞ謝《しや》せらるるや。
訳 （私が）どうして感謝されるのか。〈疑問〉

吾 何《なん》ゾ 畏レンレ 彼ヲ 哉ヤ。
読 吾《われ》何《なん》ぞ彼《かれ》を畏《おそ》れんや。
訳 私がどうして彼を恐れるだろうか。いや、恐れはしない。〈反語〉

◯ 疑問詞がある場合、文末の助字はすべて「や」と読む。助字がつく場合の文末は、疑問形が**連体形**＋「や」、反語形が**未然形**＋「ン」＋「や」。

実戦レベルにトライ 〈解答→別冊 p.33〉

2 次の漢文を書き下しなさい。

① 是《これ》 魯《ろ》ノ 孔《こう》 丘《きう》 与。
② 汝 曷ゾ 弗ルレ 告ゲレ 朕《ちん》ニ。
③ 夫 子 何ゾ 哂《わら》フレ 由《いう》ヲ 也。

＊「魯」は国名。「孔丘」は人名。孔子のこと。
＊「朕」は君主の一人称。
＊「夫子」は「先生」の意味。「由」は人名。

①	②	③

3 次の漢文を〈　〉内の意味で現代語に訳しなさい。

① 何ゾ 前ニハ 倨《おご》リテ 而 後ニハ 恭《うやうや》シキ 也。〈疑問〉
② 何 遽ゾ 不ランレ 為《な》ラレ 福ト 乎。〈反語〉

①	②

14 疑問・反語形②

疑問・反語形に用いられる疑問詞にはさまざまなものがあります。読みと意味（何を問うているのか）をしっかり覚えましょう。入試で頻出の句法です。同義字も覚えましょう。

理解度チェック
100%
75%
50%
25%

まとめ講義

○疑問詞を用いる形②

安《いづ》クンゾA（スル）（乎《や》）

安《いづ》クンゾA（セ）ン（乎《や》）

読 いづくんぞA（する）（や）
訳 どうしてAするか〈疑問〉

読 いづくんぞA（せ）ん（や）
訳 どうしてAするだろうか。いや、Aしない〈反語〉

安＝悪・焉・寧・烏

安《いづ》クンゾ得ンレ見《まみ》ユルヲレ君ニ乎《や》。

読 安《いづ》くんぞ君《きみ》に見《まみ》ゆるを得《え》んや。
訳 どうして主君にお目にかかることができるだろうか。いや、お目にかかることはできない。〈反語〉

●「何ゾ」と同じく、疑問形では連体形（＋「や」）、反語形では未然形＋「ン」（＋「や」）で文末を結び、「どうして」と訳す。

●「いづクニカ」と読み、場所を問う疑問詞としても用いられる。

沛《はい》公《こう》安《いづ》クニカ在《あ》ル。

読 沛公《はいこう》安《いづ》くにか在《あ》る。
訳 沛公はどこにいるのか。〈疑問〉

基本をチェック
（解答→別冊 p.34）

1 次の［　　］に読みがなをひらがなで、□に送りがなをカタカナで書きなさい。

① 安［　　］□□□有ラ□レ［　　］不レ□コト可《か》ナラ［　　］哉。
訳 どうしてやってできないことがあるだろうか。いや、やってできないことなどない。

② 夫《ふう》子《し》安［　　］□□□不レ［　　］□□学バ。
訳 先生はどこで学ばなかっただろうか。いや、どこででも学んだ。

③ 何［　　］為［　　］□□其レ莫カランレ知ルコトレ子《し》ヲ［　　］也。
訳 どうして先生が理解されないでしょうか。いや、必ず理解されます。

④ 籍何［　　］□以［　　］□□至ランレ此《ここ》ニ。
訳 籍（人名）がどうしてこのようになるだろうか。いや、ならない。

実戦レベルにトライ （解答→別冊 p.35）

何《なん》為《すレゾ》A（スル）（乎《や》）

何《なん》為《すレゾ》A（セ）ン（乎《や》）

読 なんすれぞA（する）（や） 訳 どうしてAするか〈疑問〉

読 なんすれぞA（せ）ん（や） 訳 どうしてAするだろうか。いや、Aしない〈反語〉

何《なん》為《すレゾ》不《ル》レ執《とラ》レ弓《ヲ》。

読 何為《なんす》れぞ弓《ゆみ》を執《と》らざる。

訳 どうして弓を手に取らないのか。〈疑問〉

何《なにヲ》以《もつテカ》A（スル）（乎《や》）

何《なにヲ》以《もつテカ》A（セ）ン（乎《や》）

読 なにをもつてかA（する）（や） 訳 どうしてAするか〈疑問〉

読 なにをもつてかA（せ）ん（や） 訳 どうしてAするだろうか。いや、Aしない〈反語〉

何《なにヲ》以《もつテ》観《ン》レ之《ヲ》哉《や》。

読 何《なに》を以《もつ》て之《これ》を観《み》んや。

訳 どうしてこれを見るだろうか。いや、見ることはない。〈反語〉

- 手段を問う意味で用いられ、「どうやって」と訳すこともある。
- 例文のように、文末に助字「や」があるので、「カ」を送らず、「なにヲもつテ」とすることもある。

2 次の漢文を書き下しなさい。

① 王侯将相、寧《クンゾ》有《ラン》レ種乎。

② 何為《レゾ》不《ル》レ去《ラ》也。

③ 其《レ》何《ヲ》以《テカ》行《ヤラン》レ之《ヲ》哉。

①	②	③

3 次の漢文を〈 〉内の意味で現代語に訳しなさい。

① 爾《なんぢ》安《クンゾ》敢《ヘテ》軽《かろンズルヤ》二吾《ガ》射《ヲ》一。〈疑問〉

② 奚為《レゾ》不《ル》レ見《み》二孟《まう》軻《か》一《ヲ》也。〈疑問〉＊「孟軻」は人名。孟子のこと。

③ 何《ヲ》以《テカ》知《ル》二其《ノ》然《しかルヲ》一邪。〈疑問〉

①	②	③

15 疑問・反語形③

疑問・反語形の漢文の書き下し文や現代語訳では、疑問なのか、反語なのかをはっきりさせることが求められます。文末の形などのほか、前後の文意からどちらか判断する意識も必要です。

理解度チェック 100％ 75％ 50％ 25％

まとめ講義

○疑問詞を用いる形③

誰《たれカ》 A（スル）（ゾ・ヤ）
読 たれかA（する）（ぞ・や）
訳 誰《だれ》がAするのか〈疑問〉

誰《たれカ》 A（セ）ン（ヤ）
読 たれかA（せ）ん（や）
訳 誰がAするだろうか。いや、誰もAしない〈反語〉

誰＝孰

孰《たれカ》能《ク》無《カラン》レ惑《ヒ》。
読 孰《たれ》か能《よ》く惑《まど》ひ《イ》無《な》からん。
訳 誰が迷いなく生きられるだろうか。いや、誰も迷いなく生きられない。〈反語〉

何《なにヲカ》 A（スル）（ヤ）
読 なにをかA（する）（や）
訳 何をAするのか〈疑問〉

何《なにヲカ》 A（セ）ン（ヤ）
読 なにをかA（せ）ん（や）
訳 何をAするだろうか。いや、何もAしない〈反語〉

何＝奚

基本をチェック （解答→別冊 p.36）

1 次の［　］に読みがなをひらがなで、□に送りがなをカタカナで書きなさい。

① 誰［　］□ 知二□□□ 烏《からす》 之 雌 雄ヲ一。
訳 誰がカラスの雌《めす》と雄《おす》を区別できるだろうか。いや、誰も区別できない。

② 君 又 何［　］□□ 掌《つかさど》レル。
訳 あなたはまた何を務めとしているのか。

③ 古 来 征 戦 幾［　］□ 人 回《か》ヘル。
訳 昔から戦争におもむいて、何人帰ってきただろうか。いや、帰ってきた人などない。

④ 為スコトレ 歓《よろこ》びヲ 幾 何［　］□。
訳 （人生で）歓楽を味わうことはどれほどだろうか。いや、どれほどでもない。

夫《そ》レ何《なに》ヲカ憂ヘ何《なに》ヲカ懼《おそ》レン。

読 夫《そ》れ何《なに》をか憂《うれ》へ《エ》何《なに》をか懼《おそ》れん。

訳 いったい何を心配し何を恐れるだろうか。いや、心配したり恐れたりするものなどない。〈反語〉

● 読み方から疑問か反語か判別できないもの①

幾《いく》A（カ・ゾ・ヤ）

読 いくA（か・ぞ・や）

訳 どのくらいAか〈疑問〉
どのくらいAだろうか。いや、Aはない〈反語〉

子《し》来タル幾《いく》日《にち》ゾヤ矣。

読 子《し》来《き》たる幾日《いくにち》ぞや。

訳 あなたが来ていく日ですか。〈疑問〉

● 「幾時《いくとき》」（＝どのくらいの時間）、「幾人《いくにん》」（＝何人）などと用いる。

幾《いく》何《ばく》（ゾ）

読 いくばく（ぞ）

訳 どれほどか〈疑問〉
どれほどだろうか。いや、どれほどでもない〈反語〉

幾何＝幾許・幾

能ク将タル二幾《いく》許《ばく》ニ一。

読 能《よ》く幾許《いくばく》に将《しやう》《ショウ》たる。

訳 将としてどれほどの兵を率《ひき》いることができるか。〈疑問〉

実戦レベルにトライ（解答→別冊 p.37）

2 次の漢文を書き下しなさい。

① 弟子孰カ為レス好レムト学ヲ。

② 大王来タルトキ、何ヲカ操《と》ル。

③ 青天有レリテヨリ月来《このかた》幾時ゾ。

①	②	③

3 次の漢文を〈 〉内の意味で現代語に訳しなさい。

① 楽シミテ二夫《か》ノ天命ヲ一復タ奚ヲカ疑ハン。〈反語〉

② 相去ルコト復タ幾許ゾ。〈疑問〉

①	②

16 疑問・反語形④

疑問・反語形のなかには、文末や送りがなからでは疑問か反語か判別できないものがあります。文意から判断しましょう。疑問にしか用いられない句形もあります。確実に覚えておきましょう。

理解度チェック 100% 75% 50% 25%

まとめ講義

○読み方から疑問か反語か判別できないもの②

如何《いかん》(セン)(ゾ)
如レA ヲ何(セン)(ゾ)

読 いかん(せん)(ぞ)
Aをいかん(せん)(ぞ)

訳 どうして
どうしたらよいか〈疑問〉
どうしたらよいだろうか。いや、どうしようもない〈反語〉

如何＝奈何

為スコトレ之ヲ奈何《いかん》。

読 之《これ》を為《な》すこと奈何《いかん》。

訳 これをすることをどうしたらよいか。〈疑問〉

如ニ吾ガ民ヲ一何セン。

読 吾《わ》が民《たみ》を如何《いかん》せん。

訳 わが国の民をどうしたらよいか。〈疑問〉

● 処置や方法を問う疑問詞。

● 「Aを如何せん」のように目的語がある場合は「如何」の間に置く。返り点で「Aヲ→如→何セン」の順に読む。

○疑問にのみ用いられる形

基本をチェック（解答→別冊 p.38）

1 次の［　］に読みがなをひらがなで、□に送りがなをカタカナで書きなさい。

① 奈何［　］ゾ無レクシテ父而生□□□［　］乎。

訳 どうして父親が無くて子が生まれるだろうか。いや、生まれるはずがない。

② 如ニ此ノ良夜ヲ一［　］何□□。

訳 この気持ちのよい夜をどうしたらよいか。

③ 汝与《と》レト回、［　］孰□□愈《まさ》レル。

訳 お前と回(人名)とではどちらが優れているか。

④ 長安ハ［　］何二如日ノ遠キ一。

訳 長安は太陽が遠くにあるのと比べてどのようか。

⑤ 与ニ長者一期シテ後《おく》ルルハ［　］何□［　］也。

訳 年長者と待ち合わせて遅れるとはどういうことか。

孰《いづ》レカ(スル)A

読 いづ《ズ》れかA(する)
訳 どちらがA(する)か

孰＝何・奚

礼ト与《と》レ食 孰《いづ》レカ重《おも》キ。

読 礼《れい》と食《しょく》と孰《いづ》《イズ》れか重《おも》き。
訳 礼儀と食事とどちらが大事か。

● 疑問詞と呼応する語が「重キ」のように**連体形**になる。

何如《いかん》

読 いかん
訳 どうか・どのようか

何如＝何若・奚若

其ノ賢ナルコト何如《いかん》。

読 其《そ》の賢《けん》なること何如《いかん》。
訳 その人の賢明さはどうか。

● 状態や評価を問う疑問詞。「如何」との区別に注意する。
● 「何如セン」と読むことはない。

Aハ何ゾ也《や》

読 Aはなんぞや
訳 Aなのはどうしてか

弗レルハ受ケ何《なん》ゾ也《や》。

読 受《う》けざるは何《なん》ぞや。
訳 受け取らないのはどうしてか。

● 「何ゾAや」を倒置して調子を強めた形。

実戦レベルにトライ
(解答→別冊 p.39)

2 次の漢文を現代語に訳しなさい。

① 不レ能ハ正二シクスルコト其ノ身一ヲ、如レ正レシクスルヲ人ヲ何セン。
② 創業ト守成ト孰レカ難キ。
③ 今日之事何如。
④ 未二ダ嘗テ見《み》レ泣クヲ。今泣クハ何ゾ也。

①	②	③	④

17 疑問・反語形⑤

副詞と文末の形「〜んや」との組み合わせで、反語を表す形です。非常に強い肯定・否定の気持ちを表します。副詞本来の意味を訳出する必要がなく、詠嘆形とされる句法もあります。

理解度チェック 100% 75% 50% 25%

まとめ講義

反語のみに用いられる形

豈《あニ》 A《（セ）ン》 哉《や》

読 あにA（せ）んや
訳 どうしてAするだろうか。いや、Aしない

豈《あニ》 望《マン》レ 報《イヲ》 乎《や》。
読 豈《あ》に報《むく》いを望《のぞ》まんや。
訳 どうして報酬を望むだろうか。いや、望まない。

● Aを否定して反語とする「豈 不レA 哉」の形は詠嘆の表現に用いられることが多い（→ p.79）。

豈《あニ》 不《ず》レ 難《かたカラ》 哉《や》。
読 豈《あ》に難《かた》からずや。
訳 なんと難しいことではないか。

独《ひとリ》 A《（セ）ン》 哉《や》

読 ひとりA（せ）んや
訳 どうしてAするだろうか。いや、Aしない

独《ひとリ》 畏《レン》二 廉 将 軍《ヲ》一 哉《や》。
読 独《ひと》り廉将軍《れんしやうぐん》《ショウ》を畏《おそ》れんや。
訳 どうして廉将軍を恐れるだろうか。いや、恐れない。

基本をチェック（解答→別冊 p.40）

1 次の［　］に読みがなをひらがなで、□に送りがなをカタカナで書きなさい。

① 豈［　　］□ 遠《とほシ》《トセン》二 千 里《ヲ》一 哉［　　］。
訳 どうして千里の道のりを遠いと思うだろうか。いや、思わない。

② 独［　　］□ 不□□レ 愧《はヂ》二 於 心《ニ》一 乎［　　］。
訳 どうして心の中で恥じ入らずにいられるだろうか。いや、恥じ入らずにはいられない。

③ 役 夫 敢［　　］□□ 伸《ベンヤ》レ 恨《ミヲ》。
訳 徴発された者が恨みを述べることができようか。いや、述べることはできない。

④ 不［　　］二 亦［　　］□ 説《よろこ》□□□《バ》一 乎［　　］。
訳 なんと喜ばしいことではないか。

○「独」本来の限定の意味（↓p.67）で訳そうとせず、反語として訳せばよい。

敢《あヘテ》 A（セ）ン（乎《や》）

読 あへ《エ》てA（せ）ん（や）
訳 どうしてAするだろうか。いや、Aしない

敢《あヘテ》不《ラン》レ走《ラ》乎《や》。
読 敢《あ》へ《エ》て走《はし》らざらんや。
訳 どうして逃げないだろうか。いや、逃げる。

○Aを否定する場合、**強い否定**の「不二敢 A一」（＝決してAしない）とまぎらわしいので注意。

敢 不《ラン》レ走《ラ》 訳 どうして逃げないだろうか。いや、逃げる。
不二敢《ヘテ》走《ラ》一 訳 決して逃げない。

○**その他の形**

不《ず》二亦《また》A一乎《や》

読 またAずや
訳 なんとAではないか

不《ず》二亦《また》惑《ヒナラ》一乎《や》。
読 亦《ま》た惑《まど》ひ《イ》ならずや。
訳 なんとおろかではないか。

○「なんと～ではないか」と訳す**詠嘆形**（↓p.79）。文末は**未然形**＋「ず」＋「や」。「ざランや」としないように注意。

実戦レベルにトライ（解答↓別冊p.41）

2 次の漢文を現代語に訳しなさい。

① 名《ハ》豈《ニ》文章《モテ》著《あらはレンヤ》。
② 独《リ》安《クンゾ》得《ン》二黙然《トシテ》而已《やむコトヲ》一乎。
③ 敢《ヘテ》不《ランヤ》レ受《ケ》レ教《ヘヲ》。
④ 不二亦《タ》君子《ナラ》一乎。

①	②	③	④

実力テスト④

●疑問・反語形

20分　合格35点　／50点

〈解答→別冊p.42〉

□ **次の文章を読み、後の問いに答えなさい。設問の都合で返り点、送りがなを省いたところがある。**

唐の第二代皇帝太宗《たいそう》の時のこと、インドの方術士・娑婆寐《サバビ》は「不老長寿の術を会得している」と称していた。これを信じた太宗は不老長寿の薬を作らせようとしたが、薬は結局できなかった。太宗は、娑婆寐を都の長安から追放してインドに帰らせた。

＊高宗即位《シ》、復《まタ》詣《いたル》二長安《ニ》一。＊上復《タ》＊遣帰《ス》。謂《いヒテ》二宰相《ニ》一曰《ハク》、「A自古焉有神仙。秦《ノ》始皇・漢《ノ》武帝求《ムレドモ》レ之《ヲ》、［ア］無《シ》レ所《レ》成《ス》。B果有《ル》二不死之人《一》、今皆安在。」＊李勣《せき》対《こたヘテ》曰《ハク》、「此《ノ》人再《ビ》来《タルニ》、＊容髪衰白《シ》、已《すでニ》改《マル》二於前《ニ》一、C何《ゾ》能《ク》長生《セン》。竟《つひニ》未《ダシテ》レ及《バ》レ行《クニ》而D死《スト》。」

（『帝鑑図説《ていかんずせつ》』）

語注
＊高宗＝唐の第三代皇帝。
＊上＝君主や天子の尊称。ここでは高宗のこと。
＊遣帰＝送り返す。
＊李勣＝宰相の名。
＊容髪＝容貌や髪の毛。

❶ ――線Aは「古《いにしへ》より焉くにか神仙有らん。」と書き下す。これにしたがって、返り点と送りがなをつけなさい。〔8点〕

自古焉有神仙。

❷ ア に入る字として適当なものを選び、記号で答えなさい。〔5点〕

① 始《はじメテ》 ② 再《ふたたビ》 ③ 敢《あヘテ》 ④ 猶《なホ》 ⑤ 卒《つひニ》 ⑥ 況《いはンヤ》

❸ ――線Bを書き下しなさい。〔12点〕

❹ ――線Bの現代語訳として適当なものを選び、記号で答えなさい。〔8点〕

① やはり死なない人はいるもので、今も皆どこかに暮らしているのであろう。
② 死なない人がいるなどということは、今や誰も信じることができないであろう。
③ 死なない人がいるとすれば、その人たちは今皆どこにいるのか。
④ もし死なない人がいたとしても、安らかに暮らしているかどうかはわからない。
⑤ もし死なない人がいたとすれば、私たちはどうして安らかに暮らせようか。
⑥ 本当に死なない人がいるかどうかは、今は誰も知ることができない。

❺ ――線Cを現代語に訳しなさい。〔12点〕

❻ ――線D「死《スト》」の主語として適当なものを選び、記号で答えなさい。〔5点〕

① 太宗 ② 娑婆寐 ③ 高宗 ④ 宰相 ⑤ 始皇・武帝 ⑥ 李勣

〈早稲田大㊇〉

18 使役形

まとめ講義

使役の助字を用いる形

使《しム》二 AヲシテB（セ）一

読 AをしてB（せ）しむ
訳 Aに（を）Bさせる

使＝令・教・遣・俾

王使《しム》二人ヲシテ学バレ之ヲ。
読 王《わう》人《ひと》をして之《これ》を学《まな》ばしむ。
訳 王《オウ》は臣下にこれを学ばせる。

- 「しム」は使役の助動詞で、ひらがなで書き下す。**未然形**に接続するので、Bの送りがなを**未然形**にする。
- Aが使役される相手。「ヲシテ」を送りがなにする。

使役の意味を含む動詞を用いる形

命《めい》ジテレ AニB（セ）シム

読 Aにめいじて B（せ）しむ
訳 Aに命令してBさせる

命《めい》ジテ二故人ニ一書セシムレ之ヲ。
読 故人《こじん》に命《めい》じて之《これ》を書《しよ》せしむ。
訳 友人に命じてこれを書き写させる。

「A（人物）にB（動作）させる」と訳される形を使役形といいます。古文の使役の助動詞「しむ」をあてて読みます。漢文的な言い回しで、入試での頻出度が高い重要な句形です。

理解度チェック
100％
75％
50％
25％

基本をチェック（解答→別冊 p.46）

1 次の使役の助動詞「しむ」の活用表を完成させなさい。送りがなになる部分はカタカナで書くこと。

	未然形	連用形	終止形	連体形	已然形	命令形
しム						

2 次の［　］に読みがなをひらがなで、□に送りがなをカタカナで書きなさい。

① 令レ［　　］□テ□ 知二其ノ罪ヲ一而殺サンレ之ヲ。
訳 その犯した罪をわからせてこれを殺そう。

② 我教三［　　］□人□□□往《ゆ》カ二呉ニ楚一。
訳 私は人を呉（国名）と楚（国名）に行かせる。

③ ［　　］□□説二夫差ニ一赦《ゆる》□□□レ越ヲ。
訳 （国王の）夫差を説得して越（国名）を許させる。

④ 此《こ》レ率《ひき》ヰテレ獣ヲ而食《は》マ□□□レ人ヲ也。
訳 これは獣を連れて来て、人を食わせるようなものだ。

遣《つか》ハシテレAヲB（セ）シム

読 Aをつかは《ワ》してB（せ）しむ

訳 Aを派遣してBさせる

遣《つか》ハシテレ将ヲ守ラシムレ関ヲ。

読 将《しやう》《ショウ》を遣《つか》は《ワ》して関《せき》を守《まも》らしむ。

訳 将軍を派遣して関所を守らせる。

●「遣」は使役の助字でもあり、次のようにも読む。

遣シム二将ヲシテ守ラレ関ヲ一。

読 将《しやう》《ショウ》をして関《せき》を守《まも》らしむ。

●右の形のほか、次のような形もある。

Aヲ挙《あ》ゲテB（セ）シム　訳 Aを登用してBさせる

Aヲ召《め》シテB（セ）シム　訳 Aを召し寄せてBさせる

Aヲ（ニ）説《と》キテB（セ）シム　訳 Aを説得してBさせる

Aニ勧《すす》メテB（セ）シム　訳 Aに勧めてBさせる

Aニ属《しよく》シテB（セ）シム　訳 Aに頼んでBさせる

○文脈から使役として読むもの

以テ二昭君ヲ一行カシム。

読 昭君《せうくん》《ショウ》を以《もつ》て行《ゆ》かしむ。

訳 昭君を行かせる。

スキルアップポイント

■「使役の意味を含む動詞」は「使役暗示動詞」ともいう。文末に「シム」を補って読むのを忘れないこと。

実戦レベルにトライ（解答→別冊 p.47）

3 次の漢文を書き下し、現代語に訳しなさい。

① 非ザル四所以《ゆゑん》ニ三使ムル二国ヲシテ聞カ一也。　＊「国」は「国民」の意味。

② 帝令ム三主ヲシテ坐《ざ》セ二屏風ノ後ロニ一。　＊「主」は帝の娘「公主」。

③ 命ジテ二僧《そう》繇《えう》ニ一画《ゑが》カシムレ之ヲ。　＊「僧繇」は人名。

④ 挙ゲテ二伍《ご》員《うん》ヲ一謀《はか》ラシム二国事ヲ一。　＊「伍員」は人名。

①	②	③	④
読	読	読	読
訳	訳	訳	訳

19 受身形

「れる・られる」と訳される形を受身形といいます。古文の受身の助動詞「る・らる」をあてて読む形の他に、独特な形もあります。受身を表す句形（助字）が見えない形もあります。

理解度チェック　100％　75％　50％　25％

まとめ講義

○受身の助字を用いる形

見る・らル（セ）レ　A

読　Aる・A（せ）らる
訳　Aれる・Aられる

見＝被・為・所

三タビ見ルレ逐《お》ハ二於君一。

読　三《み》たび君《きみ》に逐《お》は《ワ》る。
訳　三度主君に追い出される。

●「る・らル」は未然形に接続する受身の助動詞。ひらがなで書き下す。Aが四段・ラ変活用の場合に「る」、それ以外の活用の場合に「らル」と読む。

○置き字「於・于・乎」を用いる形

Aル・（セ）ラル二　於　B一

読　BにAる・BにA（せ）らる
訳　BにAれる・BにAられる

労スルレ力ヲ者ハ治メラル二於人一。

読　力《ちから》を労《らう》《ロウ》する者《もの》は人《ひと》に治《おさ》めらる。
訳　力を誇る者は人に治められる。

基本をチェック（解答→別冊p.48）

1　次の使役の助動詞「る・らる」の活用表を完成させなさい。送りがなになる部分はカタカナで書くこと。

	未然形	連用形	終止形	連体形	已然形	命令形
る						
らル						

2　次の［　］に読みがなをひらがなで、□に送りがなをカタカナで書きなさい。

①　所［　］レ殺［□□］ハ蛇白帝ノ子ナリ。
訳　殺された蛇は白帝の子である。

②　不［　］レ信《しん》□□□二乎朋友一。
訳　友人に信頼されない。

③　為［　］□二狂賊ノ所［　］□レ刺ス。
訳　狂暴な賊に刺された。

④　為［　］□二楚ノ将一ト封《ほうぜ》□□二於項一。
訳　楚（国名）の将軍となり項（地名）の地を与えられた。

● 置き字によって、Bが動作Aの仕手で、主語がその動作を受けることを表している。Bに送りがな「ニ」をつけ、Aに「ル・ラル」を送り、受身の形で読む。

◎「為 所」を用いる形

為《な》ル二 A ノ 所《ところ》トレ B（スル）

読 AのB（する）所となる
訳 AにBれる・AにBられる

為《な》ル二人ノ所トレ制スル一。

読 人《ひと》の制《せい》する所《ところ》と為《な》る。
訳 人に押さえつけられる。

● Aは動作の仕手で、Bがその動作を表す。主語がAによるBの動作を受ける意味を表す。

◎ 文脈から受身で読むもの

任ゼラル二将軍ニ一。

読 将軍《しやうぐん／ショウ》に任《にん》ぜらる。
訳 将軍に任命される。

● 臣下が主君に地位を与えられたり、処罰されたりすることを語る文に出てくる場合が多い。「ル・ラル」を送る。

スキルアップポイント

■ 受身を暗示する動詞として次のようなものがある。
任《にん》ぜらる・叙《じよ》せらる・封《ほう》ぜらる＝（領主に）任命される
謫《たく》せらる・流《なが》さる＝遠方に追いやられる

実戦レベルにトライ（解答→別冊 p.49）

3 次の漢文を書き下し、現代語に訳しなさい。

① 欲スレバレ与ヘント、恐ルレ見ルヲレ欺《あざむ》カ。

② 治ムルレ人ヲ者ハ食《やし》ナハル二於人ニ一。

③ 遂ニ為ル二楚ノ所トレ敗ル。

④ 遊二‐説シテ秦ノ恵王ニ一不レ用ヒラレ。

＊「楚」は国名。

＊「秦」は国名。

①		②		③		④	
読	訳	読	訳	読	訳	読	訳

実力テスト⑤

● 使役形・受身形

20分　合格35点　／50点

〈解答→別冊 p.50〉

□ 次の文章を読み、後の問いに答えなさい。設問の都合で返り点、送りがなを省いたところがある。

*新安ノ人*閻《えん》居《きょ》敬《けい》、A所レ居ル為二山水ノ所ト一レ浸ス。恐レ二屋ノ壊レンコトヲ一、B移二*榻《たふ》於戸外一而寝。夢ミル二*一烏《う》衣《い》ノ人ヲ一。曰ハク、「君避ケテレ水ヲ在リレ此《ここ》ニ、我モ亦タ避ケテレ水ヲ至ルレ此ニ。於イテレ君ニ何ヲカ害《そこな》ヒテ而*迫《せ》二‐迮《ま》ルコト我ニ一如クナルヤレ是《か》クノ。不快ナルコト甚シト矣」。居敬寤《さ》メ、不レ測ラ二其ノ故ヲ一。爾《こ》ノ夕《ゆふべ》三タビ夢ミル。居敬曰ハク、「C豈吾不当止此耶」。因リテ命ジテ移サシムルニレ*牀《しやう》ヲ、乃チ牀脚斜メニ圧ス二一亀ヲ於*戸限ノ外ニ一。放テバレ之ヲ乃チ去ル。

（『稽神録《けいしんろく》』）

語注

*新安＝地名。現在の河南省洛陽市の西。
*閻居敬＝人名。
*榻＝長いす兼用の細長い寝台。
*一烏衣人＝一人の黒い服を着た人。
*迫‐迮＝虐げる。脅かす。
*牀＝ここでは「榻」と同じ。
*戸限＝敷居。

❶ ——線Aの現代語訳として適当なものを選び、記号で答えなさい。〔12点〕

① 住んでいるところが山から湧き出てくる水の流れのほとりにあった。
② 住んでいるところが山から流れてきた水によって水浸しにされてしまった。
③ 住んでいるところが山から流れてきた大水で水没してしまった場所であった。
④ 住んでいるところは山の中で、湧き水のあふれ出てくる場所が近くにあった。
⑤ 住んでいるところは山の中で、湧き出した水によって水浸しになった。

□

❷ ——線Bの書き下し文として適当なものを選び、記号で答えなさい。〔10点〕

① 榻を戸外より移して寝ねたり。
② 戸外より榻を移して寝ねたり。
③ 榻を戸外に移して寝ねたり。
④ 戸外に寝ねて榻を移したり。
⑤ 榻を移して戸外に於いて寝ねたり。

□

❸ ——線Cは「豈に吾当に此に止《とど》まるべからざるか」と書き下す。これにしたがって返り点をつけたものとして適当なものを選び、記号で答えなさい。〔12点〕

① 豈吾不レ当レ止レ此耶
② 豈吾不レ当二止此一耶
③ 豈三吾不二当止一レ此耶
④ 豈吾不二当レ止此一耶
⑤ 豈二吾不レ当止一レ此耶

□

❹ 問題文の内容に合致するものを一つ選び、記号で答えなさい。〔16点〕

① 閻居敬の家が水害で壊れて、飼っていた亀が家具と敷居の間に挟まれて身動きが取れなくなったため、神が亀を助けに現れた。
② 閻居敬の夢の中に黒い服を着た人が現れて、飼っていた大事な亀が閻居敬のもとに逃げて行ったので返してほしいと訴えた。
③ 閻居敬が水害で寝台と敷居の間に挟まれて身動きが取れなくなったため、かつて閻居敬に恩を受けた亀が姿を変えて助けに現れた。
④ 一匹の亀が閻居敬の寝台と敷居の間に挟まれて身動きがとれなくなったため、閻居敬の夢の中に姿を変えて現れ窮状を訴えた。
⑤ 一匹の亀がかつて住処《すみか》が水浸しになって苦しんでいた時に閻居敬に助けられたため、その恩返しをしようと閻居敬の夢に現れた。

□

〈センター試験〉

20 比較形

二つのものを比べて「A（またはB）のほうが」と判断したり、「Aについては Bがいちばんだ」と判断するのが比較形です。

理解度チェック
100%
75%
50%
25%

まとめ講義

○置き字「於・于・乎」を用いる形

Aハ　C（ナリ）二　於　Bヨリモ一

読 AはBよりもC（なり）

訳 AはBよりもCだ

於＝于・乎

苛《か》政《せい》ハ猛二於虎一ヨリモなり也。

読 苛政《かせい》は虎《とら》よりも猛《まう》なり。

訳 苛酷な政治は虎よりも恐ろしいものだ。

●置き字の働きからBに「ヨリモ」を送り、比較を表す形。

○否定を用いる形

①「不レ如」「不レ若」を用いる形

Aハ　不《ず》レ　如《しカ》レ　Bニ

読 AはBにしかず

訳 AはBに及ばない
AよりもBがよい

如＝若

百聞ハ不レ如《しカ》二一見一ニ。

読 百聞《ひゃくぶん》は一見《いっけん》に如《し》かず。

訳 百回聞くのは一回見るのに及ばない。

基本をチェック （解答→別冊 p.54）

1 次の［　］に読みがなをひらがなで、□に送りがなをカタカナで書きなさい。

① 霜葉□紅ナリ二於二月ノ花□□□一。

訳 霜にあたって赤くなった葉は、桃の花よりも赤い。

② 地ノ利ハ不［　］レ如［　］□二人ノ和一ニ。

訳 地形が有利であることは、人が団結することに及ばない。

③ 人ハ莫［　］□レ若［　］□□レ故《ふる》キニ。

訳 人は古くからの知り合いに及ぶものはない。

④ 天下之水、莫［　］□□□□レ大二於海□□□一。

訳 世の中の水で、海より大きなものはない。

◎「如《し》ク・若《し》ク」を否定して、「AはBに及ばない」→「BはAよりもよい」ことを表す形。

② 「無レ如」「無レ若」を用いる形

A ハ 無《な》シレ 如《し》クハレ B ニ

読 AはBにしくはなし

訳 AでBに及ぶものはない
AではBがもっともよい

無＝莫

知ルハレ臣ヲ莫《な》シレ如《し》クハレ君ニ。

読 臣《しん》を知るは君《きみ》に如《し》くは莫《な》し。

訳 臣下を知ることでは君主に及ぶものはない。

◎Aということにおいて、「Bに及ぶものはない」→「Bがもっともよい」ことを表す形。

③ 置き字「於・于・乎」を用いる形

A ハ 莫《な》シレ C（ナル）ハ二 於 B ヨリ（モ）一

読 AはBより（も）C（なる）はなし

訳 AでBよりCなものはない

存スル二乎人ニ一者ハ、莫《な》シレ良キハ二於眸《ぼう》子《し》ヨリモ一。

読 人《ひと》に存《そん》する者《もの》は、眸《ぼう》子《し》よりも良《よ》きは莫《な》し。

訳 人の体にあるもので、瞳《ひとみ》よりも良いものはない。

◎置き字の働きにより、すぐ下のBに「ヨリ（モ）」と送りがなを送り、「Bがもっともである」ことを表す。

実戦レベルにトライ （解答→別冊 p.55）

2 次の漢文を書き下し、現代語に訳しなさい。

① 与フルハ二人ニ善言ヲ一、暖カナリ二于布帛ヨリモ一。
＊「布帛」は「織物」の意味。

② 弟子ハ不二必ズシモ不ンバアラ㆑如カレ師ニ一。

③ 莫シレ若クハ二六国従親シテ以テ擯《しりぞ》クルニ㆑秦ヲ。
＊「従親」は「南北同盟」の意味。「秦」は国名。

④ 人ノ所レ憂フル者は、莫シレ急ナルハ二乎死ヨリモ一。

	①	②	③	④
読				
訳				

21 選択形

比較してどちらを選ぶかを表すのが選択形です。「寧（むしロ）」「孰与（いづレゾ）」「与（よりハ）」の読みを覚えましょう。どちらを選ぼうとしているのかを確実に捉《とら》えましょう。

理解度チェック
100%
75%
50%
25%

まとめ講義

「寧」を用いる形

寧《むしロ》A（ス）トモ無《なカレ》レB（スル）コト

寧《むしロ》A（ス）トモ不《ず》レB（セ）

読 むしろA（す）ともB（する）ことなかれ

訳 むしろAしてもBするな

読 むしろA（す）ともB（せ）ず

訳 むしろAしてもBはしない

寧《むしロ》為ルトモ二鶏口一ト、無《なカレ》レ為ルコト二牛後一ト。

読 寧《むし》ろ鶏口《けいこう》と為《な》るとも、牛後《ぎゅうご》《ギュウ》と為《な》ること無《な》かれ。

訳 むしろニワトリの口先になっても、牛の尻になるな。

吾寧《むしロ》闘ハストモレ智ヲ、不《ず》レ能ハレ闘ハスレ力ヲ。

読 吾《われ》寧《むし》ろ智《ち》を闘《たたか》は《ワ》すとも、力《ちから》を闘《たたか》は《ワ》す能《あた》は《ワ》ず。

訳 私はむしろ知恵を戦わせても、腕力を戦わせることはできない。

● 「AはしてもBはするな・Bはしない」→「BではなくAをしろ・Aをする」と「A」を選択することを表す形。

疑問詞を用いる形

基本をチェック

（解答→別冊 p.56）

1 次の「　」に読みがなをひらがなで、□に送りがなをカタカナで書きなさい。

① 「寧」□人負《そむク》レ□□我ニ、毋《な》□□二我負クコトレ人ニ一。

訳 むしろ人が自分に背いても、自分は人に背いてはいけない。

② 「寧」□以テレ義ヲ死ス□□、不二苟《いや》シクモ幸《こひね》がハレ生クルコトヲ一。

訳 むしろ義のために死んでも、かりそめにも生きることは願わない。

③ 漢□「孰」二‐与「」□□我ノ大ナル一□。

訳 漢はわが国の大きいのと比べてどうか。わが国のほうが大きいだろう。

④ 礼ハ「与」□□二其ノ奢《おご》ラン一也、「寧」□倹ナレ。

訳 儀礼はぜいたくにするよりはつつましくしなさい。

Aハ孰《いづ》二与《レゾ》Bニ一

読 AはBにいづれぞ

訳 AはBに比べてどうか
AはBに比べてどちらがよいか

孰与＝孰若

陛下ノ精兵ハ孰《いづ》二与《レゾ》楚一。

読 陛下《へいか》の精兵《せいへい》は楚《そ》に孰与《いづれ》ぞ。

訳 陛下の精鋭兵は楚の兵と比べてどうか。

●「A」と「B」と「どちら（がよい）か」を問う選択疑問の形。「Bを選ぶ」「Bがよい」という意味を持つ場合がある。

与《よりハ》レA寧《むしロ》B（セン・セヨ）

読 AよりはむしろB（せん・せよ）

訳 AよりはむしろBしよう・しろ

与《よりハ》レA不《ず》レ如《しカ》レBニ

読 AよりはBにしかず

訳 AよりはBがよい

○「与」を用いる形

与《よりハ》二人刃《セン》一レ我《ヲ》、寧《むしロ》自《ラ》刃《セン》。

読 人我《ひとわれ》を刃《じん》せんよりは、寧《むし》ろ自《みづか》ら刃《じん》せん。

訳 他人が私を刃《やいば》にかけるよりは、むしろ自刃《じじん》しよう。

与《よりハ》二其《ノ》生《キテ》而無《カラン》一レ義、固《もとヨリ》不《ず》レ如《しカ》レ烹《にラルルニ》。

読 其《そ》の生《い》きて義《ぎ》無《な》からんよりは、固《もと》より烹《に》らるるに如《し》かず。

訳 生きて義を果たさないよりは、当然煮て殺されるのがよい。

実戦レベルにトライ（解答→別冊 p.57）

2 次の漢文を書き下し、現代語に訳しなさい。

① 寧《ロ》為《ルトモ》二刑罰ノ所《ト》一レ加《ハル》、不レ為《ラ》二陳君ノ所《ト》一レ短《そしル》。
＊「陳君」は「陳寔（人名）」を敬って言う。

② 坐《シテ》而待《ツヨリモ》レ亡《ほろブヲ》、孰二与《レゾ》伐《うツニ》一レ之《ヲ》。

③ 与《リハ》二其《ノ》富《ミテ》而畏《レン》一レ人《ヲ》、不レ若《カ》二貧《シクシテ》而無《キニ》一レ屈《スル》。

①	②	③
読	読	読
訳	訳	訳

22 仮定形

仮定形は「如・若」（もシ）、「苟」（いやシクモ）、「縦」（たとヒ）などを読めれば簡単です。「縦」は「モ・トモ」と呼応することに注意しましょう。

理解度チェック 100％ 75％ 50％ 25％

まとめ講義

○副詞を用いる形

如《も》シ A（セ）バ

読 もしA（せ）ば

訳 もしA（する）ならば

如＝若

若《も》シ国亡《ほろ》ビバ、不ランレ過ギ二十年ヲ一。

読 若《も》し国亡《ほろ》びば、十年《じふねん》《ジュウ》を過《す》ぎざらん。

訳 もし国が滅びるならば、十年かからないだろう。

苟《いやシクモ》 A（セ）バ

読 いやしくもA（せ）ば

訳 もし・かりにもA（する）ならば

苟《いやシクモ》能ク充タサバレ之ヲ、足ル三以テ保《やす》ンズルニ二四海ヲ一。

読 苟《いや》しくも能《よ》く之《これ》を充《み》たさば、以《もつ》て四海《しかい》を保《やす》んずるに足《た》る。

訳 かりにもこれを十分に行えば、天下を安らかに保つことができる。

● Aを仮定することを表すには、「**未然形＋バ**」が原則。漢文では、「**已然形＋バ**」で仮定条件を表すことも多い。

有ラ［未然形］＋バ　有レ［已然形］＋バ

基本をチェック（解答→別冊 p. 58）

1 次の［　　］に読みがなをひらがなで、□に送りがなをカタカナで書きなさい。

① 学若［　　］□無クン□レ成ル、死ストモ不［　　］レ還ラ。

訳 もし学問が成就しなければ、死んでも帰らない。

② 苟［　　］□□□得《え》□レ見《まみ》ユルヲ、則チ盈《みた》サンレ願ヒヲ。

訳 もしお目にかかることができるならば、私は満足です。

③ 縦［　　］□権ハ攻《せ》□□□二新城ヲ一、必ズ不ランレ能ハレ抜クコト。

訳 たとえ権（人名）が新城を攻めても、きっと陥落させることはできないだろう。

④ 雖［　　］□二千万人□一吾行カン矣。

訳 相手がたとえ千万人いたとしても私は退かない。

縦《たとヒ》 A《(ス)トモ》

読 たとひ《イ》A(す)とも

訳 たとえAしても

縦＝縦令・仮令

縦《たとヒ》我不レ往《トモ》《ゆカ》、子寧《なんゾ》不レ来《ル》《タラ》。

読 縦《たと》ひ《イ》我《われ》往《ゆ》かずとも、子寧《しなん》ぞ来《き》たらざる。

訳 たとえ私が行かないとしても、どうしてあなたは来ないのか。

● 「往かずとも」の「ず」は連用形。動詞型の活用語では、「終止形＋トモ」、もしくは「連体形＋モ」となる。

○ 接続の語を用いる形

雖《いへどモ》レ A《(ス)ト》

読 A(す)といへ《エ》ども

訳 たとえA(する)としても

雖《いへどモ》レ死《スト》不レ恨《ミ》。

読 死《し》すと雖《いへど》《イエド》も恨《うら》みず。

訳 たとえ死ぬとしても恨まない。

スキルアップポイント

■ 仮定を表す句形(文字)がないまま、文脈により仮定形が成り立つ場合もある。

不《ンバ》レ殺《サ》、必《ズ》害《アラン》。

読 殺《ころ》さずんば、必《かなら》ず害《がい》あらん。

訳 殺さなければ、必ず害があるだろう。

実戦レベルにトライ （解答→別冊 p.59）

2 次の漢文を書き下し、現代語に訳しなさい。

① 若《シ》獲《バ》レ癒《ユルヲ》、何《なん》謂《すレゾ》不《ル》レ言《ハ》。

② 苟《シクモ》有《ラバ》レ過《チ》、人必《ズ》知《ル》レ之《ヲ》。

③ 縦《ヒ》得《トモ》二田地《ヲ》一、失《フハ》二兄弟《ノ》心《ヲ》一何如。

④ 若《クンバ》レ此《かクノ》則《チ》群臣畏《レン》。

①	②	③	④
読	読	読	読
訳	訳	訳	訳

23 限定形

限定形には文末型「のみ」、文頭文末併用型「ただ～のみ」「ひとり～のみ」などがあります。「のみ」には強調の用法もあります。

理解度チェック　100％　75％　50％　25％

まとめ講義

● 文末の助字を用いる形

A（スル）耳《のみ》

読 A（する）のみ
訳 A（する）だけだ
Aである

耳＝爾・已・而已・而已矣

此レ亡秦之《の》続耳《のみ》。

読 此《こ》れ亡《ばう》《ボウ》秦《しん》の続《ぞく》**のみ**。
訳 これでは滅んだ秦の二の舞**である**。

● 「**のみ**」は体言、もしくは**用言の連体形**に接続する。

● 例文のように、**断定や強調**を表す用法がある。その場合、無理に限定で訳出する必要はない。

● 副詞を用いる形

唯《ただ》A（スル）（耳《のみ》）

読 ただA（する）のみ
訳 ただA（する）だけだ

唯＝惟・直・但・只・徒・特・祇

基本をチェック
（解答→別冊 p. 60）

1 次の［　］に読みがなをひらがなで、□に送りがなをカタカナで書きなさい。

① 求□□二其ノ放心一ヲ［而已矣。］
訳 その失われた心を追い求めるだけだ。

② ［惟］□士□□為《なス》レ能《よく》スルヲ。
訳 ただ学識のある人だけが行うことができる。

③ ［独］□其ノ言《げん》在□［耳。］
訳 ただその言葉が残されただけだ。

④ ［僅］□□以テ過《ゴス》レ□□冬ヲ。
訳 やっと冬を越せるだけだ。

直《たダ》不《ざル》二百歩《ナラ》一耳《のみ》。

読 直《た》だ百歩《ひやっぽ》ならざるのみ。

訳 ただ百歩でないだけだ。

独《ひとり》A（スル）（耳）《のみ》

読 ひとりA（する）のみ

訳 ただA（する）だけだ

今独《ひとリ》臣《ノミ》有《リ》レ船。

読 今独《いまひと》り臣《しん》のみ船《ふね》有《あ》り。

訳 今はただ私だけ船を持っている。

僅《わづカニ》A（スル）（耳）《のみ》

読 わづ《ズ》かにA（する）のみ

訳 やっとA（する）だけだ

僅＝纔

初《メハ》極《メテ》狭《ク》、纔《わづカニノミ》通《ズル》レ人《ヲ》。

読 初《はじ》めは極《きは》《キワ》めて狭《せま》く、纔《わづ》《ワズ》かに人《ひと》を通《つう》ずるのみ。

訳 初めは極めて狭く、やっと人が通れるだけだ。

● 「のみ」と読む字がなくても、「唯《た》ダ」「独《ひと》リ」「僅《わづ》カニ」を受けて、限定される語に送りがな「ノミ」を送る。

スキルアップポイント

■ 耳＝爾《ジ》・已《イ》・而已《ジイ》・而已矣《ジイイ》

「耳」と他の同義字とは発音が同じ、または近いために通用する「同音通用」である。

実戦レベルにトライ

（解答→別冊 p.61）

2 次の漢文を書き下し、現代語に訳しなさい。

① 書《ハ》足《ル》三以《テ》記《スルニ》二名姓《ヲ》一而已。

② 但《ダ》見《ル》二草木《ノ》栄枯《スルヲ》一耳。

③ 惟《ダ》不《ルノミ》レ喜《バ》二人《ノ》唾《つばきヲ》一。

④ 非《ザル》三独《リ》賢者《ノミ》有《ルニ》二是《ノ》心一也。

①	②	③	④
読	読	読	読
訳	訳	訳	訳

24 比況形

比況とは、比喩《ひゆ》・喩《たと》えです。「如・若」を用いて「ごとし」と読み、「のようだ」と訳します。「如・若」は比況形の他に、仮定形や比較形でも用いられます。

理解度チェック
100%
75%
50%
25%

まとめ講義

如《ごとシ》レ A ノ・(スル)ガ

読 Aのごとし・A(する)がごとし

訳 Aのようだ
Aのようなものだ

如＝若

未《ダ》ルレ知《ラ》レ道《ヲ》者《ハ》如《ごとシ》二酔人《ノ》一。

読 未《いま》だ道《みち》を知《し》らざる者《もの》は酔人《すいじん》のごとし。

訳 人が行うべき道を知らない者は酒に酔った人のようなものだ。

傍《かたは》ら《ニ》若《ごとシ》レ無《キガ》レ人。

読 傍《かたは》《カタワ》らに人無《ひとな》きがごとし。

訳 周囲に人がいないかのようだ。

● 「如《ごと》シ・若《ごと》シ」は、①名詞＋「ノ」(「酔人ノ」)、②用言の連体形＋「ガ」(「無キガ」)に接続する。読みは「ごとシ」でひらがなで書き下す。

似《にタリ》レ A ニ

読 Aににたり

訳 Aに似ている
Aのようだ

望《ムニ》レ之《ヲ》似《にタリ》二木鶏《ニ》一。

読 之《これ》を望《のぞ》むに木鶏《ぼくけい》に似《に》たり。

訳 これを遠くから見ると木で彫った鶏《にわとり》のようだ。

基本をチェック

(解答→別冊 p.62)

1 次の[　]に読みがなをひらがなで、□に送りがなをカタカナで書きなさい。

① [　]如[□]二循環之無[□□]レ端。

訳 円い輪の端がないようなものだ。

② 君子《ノ》交《ハリハ》淡《キコト》[　]若[□]レ水[□]。

訳 君子の人づき合いの淡白なことと言ったら水のようだ。

③ [　]似[□□]二重《ネテ》有《ル》レ憂《ヒ》者[□]一。

訳 重ねて悲しみがある者のようだ。

④ [　]譬[□□][　]如[□]レ平《たいら》[カニ□□□]レ地《ヲ》。

訳 たとえて言うと地面を平らにするようなものだ。

⑤ 兄弟《ハ》[　]猶[□]二[　]左右之手[□]一。

訳 兄弟はちょうど左右の手のようだ。

譬《たとへバ》如《ごとシ》レ A ノ・(スル)ガ

読 たとへ《エ》ばAのごとし・たとへ《エ》ばA(する)がごとし

訳 たとえて言うとAのようなものだ

如＝若

譬《たとへバ》如《ごとシ》レ為《つくルガ》レ山《ヲ》。

読 譬《たと》へ《エ》ば山《やま》を為《つく》るがごとし。

訳 たとえて言うと山を作るようなものだ。

猶《なホ》 A ノ・(スル)ガ ごとシ レ

読 なほ《オ》Aのごとし・なほ《オ》A(する)がごとし

訳 ちょうどA(するの)と同じだ

猶＝由

危《キコト》由《なホ》《ごとシ》二 累 卵《ノ》一 也。

読 危《あやふ》《アヤウ》きこと由《な》ほ《オ》累卵《るいらん》のごとし。

訳 危ういことはちょうど卵を重ねたのと同じだ。

● 再読文字「猶」(→p.27)を用いる形。

スキルアップポイント

■「如・若」はいろいろな句形で用いられる。整理しておこう。

比較形 A 不レ如レB (若) AはBに如《し》かず →p.60

仮定形 如 A (若) 如《も》しAば →p.64

比況形 如レA (若) Aのごとし・Aするがごとし

実戦レベルにトライ (解答→別冊p.63)

2 次の漢文を書き下し、現代語に訳しなさい。

① 士《ノ》処《ルハ》レ世《ニ》、若《シ》三錐《きりノ》処《ルガ》二嚢《なう》中《ニ》一。

*「嚢」は「袋」の意味。

② 国之有《ルハ》レ乱《レ》、譬《ヘバ》若《シ》二人《ノ》有《ルガ》一レ疾《やまひ》。

③ 猶《ホ》キ二縁《よリテ》レ木《ニ》求《ムルガ》レ魚《ヲ》也。

*「縁」は「よじ登る」の意味。

①	②	③
読	読	読
訳	訳	訳

実力テスト⑥

・比較形・選択形・仮定形・限定形・比況形

20分　合格35点　／50点

〈解答→別冊p.64〉

□ 次の文章を読み、後の問いに答えなさい。

*貞《ちやう》観《ぐわん》中、西域献ズ二*胡《こ》僧《そう》ヲ一。呪《じゆ》術《じゆつ》モテ能ク生二‐死セシム人ヲ一。A 太宗令ム下於イテ二*飛騎中ニ一選ビ二*卒之《の》壮勇ナル者ヲ一試ミ上レ之ヲ。如クシテレ言ノ而死シ、如クシテレ言ノ而蘇《よみが》ヘル。帝以《もつ》テ告グ二*宗《そう》正《せい》卿《けい》*傅《ふ》奕《えき》ニ一。奕曰ハク「此レ邪法也。臣聞ク二邪ハ不ト一レ干《をか》サレ正ヲ。B 若《も》シ使ムルモレ呪《まじな》ハレ臣ヲ、必ズ不トレ能ハレ行フコト。」帝召シテレ僧ヲ呪ハシムルニレ奕ヲ、奕対シテレ之ニ、初メヨリ無シレ所レ覚ユル。*須《しゆ》臾《ゆ》ニシテ、胡僧忽《こつ》然《ぜん》トシテ自ラ倒レ、C 若《ごと》シ下為ル二物ノ所ト一レ撃《う》ツ者ノ上。更ニ不二復《ま》タ蘇ラ一。

（『唐語林《とうごりん》』）

語注

*貞観＝唐の第二代皇帝・太宗《たいそう》の年号。
*胡僧＝西域出身の僧侶。
*飛騎＝唐の近衛《このゑ》軍。
*卒＝兵士。
*宗正卿＝官職名。
*傅奕＝人名。
*須臾＝しばらくして。

1 ――線Aの現代語訳として適当なものを選び、記号で答えなさい。〔12点〕

① 太宗は、近衛軍団の中からたくましく勇敢な兵士を選び、胡僧に命じてその兵士に呪術をかけさせた。
② 太宗は、近衛軍団の中から呪術に巧みな兵士を選び、その兵士に命じて胡僧の呪術に立ち向かわせた。
③ 太宗は、近衛軍団の中から呪術を恐れない勇敢な兵士を選び、その兵士に命じて胡僧の呪術を学ばせた。
④ 太宗は、近衛軍団の中から呪術に巧みな兵士を選んでその技を競わせ、その優劣を胡僧に判定させた。
⑤ 太宗は、近衛軍団の中から胡僧の呪術を用いてたくましく勇敢な者を選び、その戦闘能力を試させた。

2 ――線Bの現代語訳として適当なものを選び、記号で答えなさい。〔12点〕

① もし胡僧が私に呪術をかけても、かかるとは限らないでしょう。
② もし陛下が私に呪術をかけても、かかるとは限らないでしょう。
③ もし胡僧が私に呪術をかけても、かからないとは限らないでしょう。
④ もし陛下が私に呪術をかけても、絶対にかからないでしょう。
⑤ もし胡僧が私に呪術をかけても、絶対にかからないでしょう。

3 ――線Cの現代語訳として適当なものを選び、記号で答えなさい。〔12点〕

① 胡僧は何かに打たれそうになったので自分から倒れた。
② 胡僧は何かで撃ち殺そうとしているかのようであった。
③ 胡僧はわざと何かを射撃するかのような姿勢をとった。
④ 胡僧はまるで何かを打ち倒したかのようであった。
⑤ 胡僧はまるで何かに打たれたようであった。

4 問題文の内容に合致するものを選び、記号で答えなさい。〔14点〕

① 太宗は、胡僧の呪術が邪法であることを見抜いたので、傅奕に命じて胡僧と対決させた。
② 胡僧の呪術は、太宗までも意のままに操ってしまったが、人々の正しい心の前にはなす術《すべ》がなかった。
③ 胡僧は、太宗の命を受け、呪術によって自分の生き死にを自由に操作できるようになっていった。
④ 傅奕と胡僧の対決は、しばらくの間続いたが、突然胡僧が倒れたことで簡単に決着した。
⑤ 太宗の近衛兵を懲らしめるためにやって来た胡僧だったが、傅奕に対して手も足もでなかった。

〈センター試験〉

25 抑揚形

前半で軽い・低い内容を挙げて（抑）、後半で内容を強める（揚）表現を抑揚形と言います。後半には「況んや〜をや」を用いる場合と、反語形を用いる場合とがあります。

理解度チェック
100%
75%
50%
25%

まとめ講義

○「況」を用いる形

A《スラ》且《かツ》（猶《なホ》）B、況《ンヤ》C《ヲ》乎《や》

読 Aすらかつ（なほ《オ》）B、いはんや《ワ》Cをや

訳 AでさえBだから、ましてCはなおさら（B）だ

猶＝尚

死馬《スラ》且《かツ》買《フ》レ之《ヲ》、況《いはンヤ》生《ケル》者《ヲ》乎《や》。

読 死馬《しば》すら且《か》つ之《これ》を買《か》ふ《ウ》、況《いは》んや《イワ》生《い》ける者《もの》をや。

訳 死んだ馬でさえ買うのだから、まして生きているものはなおさら買う。

● Aを軽い・低い例として挙げ（抑）、Cはなおさらだと強める（揚）。文末は必ず「ヲや（ヲヤ）」で結ぶ。

● 「且（猶）」がない場合や、「況」の前に「而」が入り、「しかルヲ」と読む場合がある。

天子《スラ》不レ召《サ》レ師《ヲ》、而《しかルヲ》況《ンヤ》諸侯《ヲ》乎。

基本をチェック

（解答→別冊 p.68）

1 次の［　］に読みがなをひらがなで、□に送りがなをカタカナで書きなさい。

① 臣□□［　］猶□知《ル》レ之《ヲ》、［　］況□□於《おイテ》レ君《ニ》［　］乎。

訳 私でさえこれを知っているのだから、ましてわが君《きみ》ならなおさらだ。

② ［　］天地□□［　］尚□不レ能《ハ》レ久《シクスル》、［　］而□□［　］況□□於《イテ》レ人《ニ》乎。

訳 天地でさえも永久に不変であることはできないのだから、まして人はなおさらだ。

③ 禽《きん》獣《じう》□□［　］且□知《ル》レ恩《ヲ》、人［　］安《クンゾ》不《ラン》レ知《ラ》レ恩《ヲ》［　］哉。

訳 鳥や獣でさえ恩を知っているのだから、人がどうして恩を知らずにいてよいだろうか。いや、知らずにいてよいわけがない。

読 天子《てんし》すら師《し》を召《め》さず、而《しか》るを況《いは》《イワ》んや諸侯《しよこう》をや。
訳 天子でさえ自分の師を呼びつけないのだから、まして諸侯はなおさら呼びつけてはいけない。

反語を用いる形

A《スラ》且《かツ》（猶《なホ》）B、安《クンゾ》C《（セ）ン》乎《や》

読 Aすらかつ（なほ《オ》）B、いづ《ズ》くんぞC（せ）んや
訳 Aでさえ Bだから、ましてどうしてCするだろうか。いや、Cしない

臣死《スラ》且《かツ》不レ避《ケ》、卮《し》酒《しゆ》安《いづクンゾ》足レ《ランヤ》辞《スルニ》。

読 臣死《しんし》すら且《か》つ避《さ》けず、卮酒《ししゆ》安《いづ》《イズ》くんぞ辞《じ》するに足《た》らんや。
訳 私めは死さえ恐れないのだから、ましてどうして一杯の酒が辞退するに価するでしょうか。いや、価しません。

● 後半の「揚」の部分に反語が用いられる形。

スキルアップポイント

■ 前半部分（抑）、または後半部分（揚）が省略されることがある。

以《テスラ》二聖人之賢《ヲ》一且《ツ》学《ブ》。

読 聖人《せいじん》の賢《けん》を以《もつ》てすら且《か》つ学《まな》ぶ。
訳 聖人のように賢くてさえ、なお学ぶ。〈後半部分省略〉

実戦レベルにトライ

（解答→別冊 p.69）

2 次の漢文を書き下し、現代語に訳しなさい。

① 子《スラ》且《ツ》然《しかリ》、況《ンヤ》高綱《ヲ》乎。
　＊「子」は「あなた」の意味。「高綱」は話し手自身の名。

② 庸人《スラ》尚《ホ》羞《ヅ》レ之《ヲ》、況《ンヤ》於《イテヲ》二将相《ニ》一乎。
　＊「庸人」は「普通の人」の意味。「将相」は「将軍や大臣」の意味。

③ 以《テスラ》二獣《ノ》相《ヒ》食《ラフヲ》一、且《ツ》人悪《にくム》レ之《ヲ》。

①	②	③
読	読	読
訳	訳	訳

26 累加形

累加形とは「ただ～だけでなく」と重ねて加える形です。限定形と否定形を用いて表す場合と、限定形と反語形とを用いて表す場合とがあります。

理解度チェック 100% 75% 50% 25%

まとめ講義

○ 限定形と否定形を用いる形

不《ず》二唯《たダニ》（独《ひとリ》）A《ノミナラ》一、B

読 ただに（ひとり）Aのみならず、B

訳 ただAだけでなく、B

不《ず》二唯《たダニ》忘《ルルノミナラ》レ帰《ルヲ》、可《シ》二以《テ》終《フ》レ老《ヲ》。

読 唯《た》だに帰《かへ／カエ》るを忘《わす》るるのみならず、以《も》つて老《らう／ロウ》を終《を》ふべし。

訳 ただ帰ることを忘れるだけでなく、年老いて死ぬまで過ごしてもよい。

非《あらズ》二唯《たダニ》（独《ひとリ》）A《ノミニ》一、B

読 ただに（ひとり）Aのみにあらず、B

訳 ただAだけでなく、B

非《あらザル》三独《ひとリ》賢者《ノミ》有《ルニ》二是《ノ》心一也。

読 独《ひと》り賢者《けんじや》のみ是《こ》の心有《こころあ》るに非《あら》ざるなり。

訳 ただ賢者にだけこの心があるのではない。

○ 限定形（→ p.66）を否定して、「Aだけではない」とする形。

○ 「唯」は、「ただ」を強調して「たダニ」と読む。

基本をチェック（解答→別冊 p.70）

1 次の〔　〕に読みがなをひらがなで、□に送りがなをカタカナで書きなさい。

① 〔　〕不二〔　〕□独人《じん》間《かんノ》夫《ト》与レ□□□□妻、近代《ノ》君臣《モ》〔　〕□亦如《シ》レ此《かクノ》。

訳 ただ世間の夫と妻とのあり方だけでなく、近い時代の君臣のあり方もまたこのようなものだ。

② 〔　〕□非二〔　〕□□徒〔　〕□□□□無レ益、而《しかモ》又害《ス》レ之《ヲ》。

訳 ただ役に立たないだけでなく、害を及ぼしもするのだ。

③ 埋《ムル》レ骨《ヲ》〔　〕□豈〔　〕□□唯墳墓《ノ》□□□□□□地。

訳 骨を埋める地は、どうして故郷の墓地だけだろうか。いや、故郷の墓地だけではない。

● 「唯」の同義字は「惟・直・但・只・徒・特・祇」（↓p.66）。

○ **限定形と反語形を用いる形**

豈《あニ》唯《たダニ》A、《ノミナランヤ》B

読 あにただにAのみならんや、B

訳 どうしてAだけだろうか、いや、Bもだ。

豈《あニ》徒《たダニ》斉ノ民安キノミナランヤ、天下之民挙《みな》安シ。

読 豈《あ》に徒《た》だに斉《せい》の民安《たみやす》きのみならんや、天下《てんか》の民挙安《たみみなやす》し。

訳 どうして斉の国民が安らかであるだけだろうか。いや、すべての国の国民も安らかなのだ。

何《なんゾ》独《ひとリ》A《ノミナランヤ》

読 なんぞひとりAのみならんや

訳 どうしてAだけだろうか、いや、Aだけではない

故郷何《なんゾ》独《ひとリ》在ルノミナランヤ二長安ニ一。

読 故郷《こきやう》《キョウ》何《なん》ぞ独《ひと》り長安《ちやうあん》《チョウ》に在《あ》るのみならんや。

訳 どうして故郷が長安だけだろうか。いや、長安だけではない。

● 限定形を反語形で否定して、「Aだけではない」とする形。

スキルアップポイント

■「ノミナラず」の「ノミ」は限定の副助詞、「ず」は打消の助動詞。「ノミ」と「ず」は直接接続させることができないので、間に「ナラ」（断定の助動詞「なり」の未然形）を入れたもの。

実戦レベルにトライ（解答↓別冊p.71）

2 次の漢文を書き下し、現代語に訳しなさい。

① 不三惟ダニ有ルノミナラ二超世之才一、亦タ必ズ有リ二堅忍不抜之志一。

② 非ズ二特ダニ其ノ末《すゑ》見《あらは》ルルノミ而已ニ一。

③ 豈ニ唯ダニ怠ルノミナランヤレ之ヲ、又従ヒテ而盗ムレ之ヲ。

	①	②	③
読			
訳			

27 願望形

願望形は文末の読み方に注意。自分の願望を表す場合には、文末に意志の助動詞「ン」をつけます。相手への願望を表す場合には、文末を命令形に読みます。

理解度チェック 100% 75% 50% 25%

まとめ講義

○自分の願望または相手への願望を表す形

請《コフ》A（セ）ン
読 こふ《ウ》A（せ）ん
訳 何とかAしたい
どうかAさせてください〈自分の願望〉

請《コフ》A（セヨ）
読 こふ《ウ》A（せよ）
訳 どうかAしてください〈相手への願望〉

請＝乞・冀

請《コフ》以テレ戦ヒヲ喩ヘン。
読 請《こ》ふ《ウ》戦《たたか》ひ《イ》を以《もつ》て喩《たと》へ《エ》ん。
訳 どうか戦いでたとえさせてください。〈自分の願望〉

請《コフ》奏セヨレ瑟ヲ。
読 請《こ》ふ《ウ》瑟《ひつ》を奏《そう》せよ。
訳 どうか瑟を演奏してください。〈相手への願望〉

願《ねが》ハクハA（セ）ン
読 ねがはく《ワ》はA（せ）ん
訳 何とかAしたい
どうかAさせてください〈自分の願望〉

願《ねが》ハクハA（セヨ）
読 ねがはく《ワ》はA（せよ）
訳 どうかAしてください〈相手への願望〉

願＝幸

基本をチェック （解答→別冊 p.72）

1 次の［　］に読みがなをひらがなで、□に送りがなをカタカナで書きなさい。

① 請［　　］□以テレ剣ヲ舞□□。
訳 どうか剣を使って舞わせてください。

② 王請［　　］□勿［　　］□□レ疑□□□レ我ヲ。
訳 王様、私の言うことを疑ってはいけません。

③ 願［　　］□□□得［　　］□二君ノ狐《こ》白《はく》裘《きう》ヲ一。
訳 あなたの持っている白いキツネの皮衣をもらいたい。

④ 幸［　　］□□□分《わ》カタレ□二我ニ一桮《ぱい》ノ羹《かう》ヲ一。
訳 どうか私にそのスープを一杯分けてください。

願《ねがハクハ》 聞《カン》二 子 之 志《ヲ》一。

読 願《ねが》はくは子《し》の志《こころざし》を聞《き》かん。

訳 どうか先生の志をお聞かせください。〈自分の願望〉

願《ねがハクハ》 大 王 急《ギ》 渡《レ》。

読 願《ねが》はくは大王《だいわう》急《いそ》ぎ渡《わた》れ。

訳 どうか大王様急いでお渡りください。〈相手への願望〉

庶《こひねがハクハ》 A（セ）ン

読 こひねがはくはA（せ）ん

訳 何とかAしたい
どうかAさせてください〈自分の願望〉

庶《こひねがハクハ》 A（セヨ）

読 こひねがはくはA（せよ）

訳 どうかAしてください〈相手への願望〉

庶＝冀・庶幾

庶《こひねがハクハ》 免《レン》レ 為《ルヲ》二 人《ノ》 所《ト》レ 笑《フ》一。

読 庶《こひねが》はくは人《ひと》の笑《わら》ふ所《ところ》と為《な》るを免《まぬか》れん。

訳 何とか人に笑われることは免《まぬか》れたい。〈自分の願望〉

王 庶幾《こひねがハクハ》 改《メヨ》レ 之《ヲ》。

読 王庶幾《わうこひねが》はくは之《これ》を改《あらた》めよ。

訳 王様どうかこのことを改めてください。〈相手への願望〉

● A［未然形］＋意志の助動詞「ン」→自分（話し手）の願望。
A［命令形］→相手への願望。

実戦レベルにトライ（解答→別冊 p.73）

2 次の漢文を書き下し、現代語に訳しなさい。

① 王、請《フ》 無《カランコトヲ》レ 好《ムコト》二 小 勇《ヲ》一。

② 願《ハクハ》 為《リテ》二 黄《くわう》 鵠《こくト》一 兮 還《ラン》二 故 郷《ニ》一。

③ 冀《フ》二 復《タ》 得《ンコトヲ》レ 兎《うさぎヲ》一。

*「黄鵠」は鳥の一種。

①	②	③
読	読	読
訳	訳	訳

28 詠嘆形

詠嘆形には文頭に「ああ」と読む字、文末に「かな」と読む字を用います。その他に、疑問形の「何ぞ」「豈に」を用いて詠嘆を表すこともあります。

理解度チェック
100%
75%
50%
25%

まとめ講義

● 文頭に感動詞を用いる形

嗚《あ》呼《あ》

読 ああ

訳 ああ〜(だなあ)

嗚呼＝嗟・噫・唉・嗚乎・嗟乎・于嗟 など

嗚《あ》呼《あ》、其レ真ニ無キレ馬邪《か》。

読 嗚《あ》呼《あ》、其《そ》れ真《しん》に馬《うま》無《な》きか。

訳 ああ、そもそも本当に名馬はいないのか。

● 文末に助詞を用いる形

A 哉《かな》

読 Aかな

訳 Aだなあ

哉＝矣・夫・与・乎・也・耶 など

賢ナル哉《かな》、回也《や》。

読 賢《けん》なるかな、回《かい》や。

訳 賢明だなあ、顔回(人名)は。

● 「かな」は連体形に接続する。

● 文頭の感動詞と文末の助字が同時に用いられることも多い。

基本をチェック

(解答→別冊 p.74)

1 次の［　］に読みがなをひらがなで、□に送りがなをカタカナで書きなさい。

① 唉［　］、豎《じゅ》子《し》不［　］レ足□二与《とも》ニ謀《はか》ルニ一。

訳 ああ、若僧、お前とともに大事をたくらむことなどできない。

② 自ラ喩《たの》シミ適《かな》□□レ志ニ与［　］。

訳 (夢の中で蝶になった)自分の境遇を楽しみ、何とも気持ちが伸びやかになったものだ。

③ 来タルコト何［　］□疾《はや》□也［　］。

訳 来ることのなんとはやいことか。

④ 豈［　］□不［　］二誠ノ大丈夫□□一乎［　］。

訳 なんと優れた大人物ではないか。

疑問・反語表現を用いる形

何ゾ A（スル）也や

読 なんぞA（する）や
訳 なんとAなことか

是レ何《なん》ゾ楚人之《の》多キ也《や》。

読 是《こ》れ何《なん》ぞ楚《そ》人《ひと》の多《おほ》き《オオ》や。
訳 なんと楚の国の人が多いことか。

豈ニ不ずレ A（セ）哉や

読 あにA（せ）ずや
訳 なんとAではないか

豈《あ》ニ不《ず》レ悲シカラ哉《や》。

読 豈《あ》に悲《かな》しからずや。
訳 なんと悲しいことではないか。

不ず二亦タ A（セ）一乎や

読 またA（せ）ずや
訳 なんとAではないか

不《ず》二亦《ま》タ惑ヒナラ一乎《や》。

読 亦《ま》た惑《まど》ひ《イ》ならずや。
訳 なんとおろかではないか。

スキルアップポイント

■「豈不～」は反語形の場合には「あに～ざらん（や）」と読み詠嘆形の場合には「あに～ず（や）」と読む。

実戦レベルにトライ（解答→別冊 p.75）

2 次の漢文を書き下し、現代語に訳しなさい。

① 嗚呼哀《かな》シイ哉。

② 吏ノ呼ブ一《いつ》ニ何ゾ怒《はげ》シキ。婦ノ啼《な》ク一ニ何ゾ苦《はなは》ダシキ。

③ 仁以テ為ス二己ガ任ト一、不二亦タ重カラ一乎。

	①	②	③
読			
訳			

実力テスト⑦

・抑揚形・累加形・願望形・詠嘆形

20分　合格35点　／50点

〈解答→別冊 p.76〉

□ 次の文章を読み、後の問いに答えなさい。設問の都合で返り点、送りがなを省いたところがある。

有リ二盗ムレ牛ヲ者一、牛主得レ之《これ》ヲ。盗者曰《い》ハク、「我邂*《かい》逅《こう》迷惑ス。従《よ》リレ今已《い》後《ご》将ニレ為《な》サントレ改ムルヲレ過ヲ。子既ニ已《すで》ニ赦*《しゃ》宥《いう》ス。幸無使王*烈聞之。」人有リ二以《もつ》テ告グルレ烈ニ者一、烈以テ二布一端*ヲ一遺《おく》ルレ之ニ。或《ある》ヒト問フ、「此《こ》ノ人既ニ為シレ盗ヲ、畏《おそ》ルルニ二君ノ聞クヲ一レ之ヲ、反リテ与ヘタルハ二之ニ布ヲ一、何ゾ也《や》ト。」烈曰ハク、「昔秦《しん》ノ穆*《ぼく》公《こう》、人盗ミテ二其《そ》ノ駿《しゅん》馬《め》ヲ一食フレ之ヲ、乃《すなは》チ賜フ二之ニ酒ヲ一。盗者不シテレ愛《を》シマ二其ノ死ヲ一、以テ救フ二穆公之《の》難ヲ一。今此ノ盗人能ク悔イ二其ノ過ヲ一、懼《おそ》ルルハ二吾《われ》ノ聞クヲ一レ之ヲ、是《こ》レ知レバナリレ恥ヅルヲレ悪ヲ。知レバレ恥ヅルヲレ悪ヲ、則《すなは》チ善心将ニレ生ゼント。故ニ与ヘテレ布ヲ勧ムルレ為スヲレ善ヲ也ト。」

（『三国志』魏書《ぎしょ》、管寧《かんねい》伝の裴松之《はいしょうし》注）

語注

＊邂逅迷惑＝ふとしたはずみで心に迷いが生じる。
＊赦宥＝罪を許す。
＊王烈＝人名。三国時代の人。優れた見識と道徳をそなえ、地域の有力者として人望があつかった。
＊端＝布の長さの単位。
＊穆公＝春秋時代の秦の君主。

❶ ——線Aは「幸《ねが》はくは王烈をして之《これ》を聞かしむること無かれ」と書き下す。これにしたがって返り点をつけたものとして適当なものを選び、記号で答えなさい。〔10点〕

① 幸無二使王烈聞一レ之
② 幸無下使二王烈一聞上之
③ 幸無レ使二王烈聞一之
④ 幸無レ使二王烈一聞レ之
⑤ 幸無レ使二王烈聞一レ之

□

❷ ——線Bの現代語訳として適当なものを選び、記号で答えなさい。〔15点〕

① 盗みを働いた人に償わせず、被害者に布を渡すことで納得させたのは、一体どういうわけですか。
② 盗みを働いた人を罰せずに、口止めに布をあたえて家に帰したのは、一体どういうわけですか。
③ 盗みを働いた人を改心させ、自分から布を差し出すようにさせたのは、一体どういうわけですか。
④ 盗みを働いた人を責めることなく、わざわざ布まで恵んでやったのは、一体どういうわけですか。
⑤ 盗みを働いた人が嫌がるのに、布を贈って褒めたたえようとしたのは、一体どういうわけですか。

□

❸ 〰〰線a・bの「之」はそれぞれ何を指すか。その組み合わせとして適当なものを選び、記号で答えなさい。〔10点〕

① a 駿馬　b 盗人を捕らえた人
② a 駿馬　b 駿馬
③ a 駿馬　b 駿馬を盗んだ人
④ a 駿馬を盗んだ人　b 盗人を捕らえた人
⑤ a 駿馬を盗んだ人　b 駿馬
⑥ a 駿馬を盗んだ人　b 駿馬を盗んだ人

□

❹ ——線Cの理由として適当なものを選び、記号で答えなさい。〔15点〕

① 駿馬を盗んでみたものの、それを嘆き悲しむ穆公の様子に憐《あわ》れみを感じたから。
② 穆公の駿馬を盗んだにもかかわらず、思いがけず寛大な処遇を受け感激したから。
③ 多くの駿馬を持つ穆公にとっては、一頭ぐらい失っても何でもないと思ったから。
④ 穆公の駿馬を盗んだ以上、いつかはつかまって殺される運命にあると思ったから。
⑤ 命をかけて穆公を助ければ、駿馬を盗んだ罪も大目に見てもらえると思ったから。

□

〈センター試験〉

29 重要助字①

助字とは、文法上の働きをする語。虚詞とも呼ばれ、実詞（名詞・動詞・形容詞など具体的な意味を持つ語）の対義語です。複数の用法を持つものが多く、漢文を読解するのにとても重要な語です。

理解度チェック
100％
75％
50％
25％

まとめ講義

以

読
① もつテ
② おもへラク
③ ゆゑ

訳
① 〜で〈手段〉・〜ために〈理由〉・〜を〈対象〉・そして〈順接〉
② 〜とみなす
③ わけ・理由

子以《もつ》テレ四ヲ教フ。

読 子《し》四《し》を以《もつ》て教《おし》ふ《ウ》。

訳 先生は四つのことを教えられた。〈①〉

為

読
① たリ
② ためニ
③ なス・なル

訳
① 〜だ・〜である〈断定〉
② 〜ために〈理由・目的〉
③ 〜する・〜となる・〜とみなす

是レ為《た》リ二昭王一。

読 是《こ》れ昭王《せうわう》《ショウオウ》たり。

訳 昭王である。〈①〉

已

読
① のみ
② すでニ
③ やム

訳
① 〜だけだ〈限定〉・〜だ〈断定〉
② すでに
③ やめる・終わる

死シテ而後已《や》ム。

読 死《し》して後《のち》已《や》む。

訳 死んだ後に終わる。（生きている限りは力を尽くす。）〈③〉

実戦レベルにトライ

（解答→別冊 p.80）

1 次の漢文を書き下し、現代語に訳しなさい。

① 参《しん》乎《や》、吾ガ道ハ一《いつ》以テ貫クレ之ヲ。
＊「参」は呼びかけている相手の名。

② 爾《なんぢ》ハ為リレ爾、我ハ為リレ我。

③ 放《はう》辟《へき》邪《じや》侈《し》、無キレ不ルレ為サ已。
＊「放辟邪侈」は勝手気ままでやりたい放題の意味。

④ 漢皆已ニ得タルレ楚ヲ乎。
＊「漢」「楚」はいずれも国名。

⑤ 於イテレ是《ここ》ニ項王乃《すなは》チ欲ス三東ノカタ渡ラント二烏《う》江《かう》ヲ一。
＊「項王」は人名。「烏江」は川の名。

⑥ 千里之行モ始マル二於足下ヨリ一。

⑦ 力不シテレ足ラ、才ノ美不二外ニ見ハレ一。

⑧ 桃《たう》李《り》不レドモレ言《ものい》ハ、下自ヅカラ成スレ蹊《みち》ヲ。
＊「李」は「すもも」の意味。

於

読 ①（置き字） ②おイテ・おケル

訳 ①～に・～と・～より（直前の語に送りがなをつける） ②～で〈場所・時間・対象〉

於《おいテ》二斯ノ三者ニ一、何ヲカ先ニセン。

読 斯《こ》の三者《さんしや》に於《お》いて何《なに》をか先《さき》にせん。

訳 この三つのうちで、どれを優先するのか。〈②〉

見

読 ①る・らル ②みル・みユ ③まみユ ④あらはル・あらはス

訳 ①～（ら）れる〈受身〉 ②見る・見える ③お目にかかる ④現（表）れる・現（表）す

見《まみユ》二梁ノ恵王ニ一。

読 梁《りやう》《リョウ》の恵王《けいわう》《オウ》に見《まみ》ゆ。

訳 梁（国名）の恵王にお目にかかる。〈③〉

自

読 ①より ②みづからラ ③おのヅカラ

訳 ①～から〈起点〉 ②自分で・自分から ③自然と・ひとりでに

心遠ケレバ地自《おのヅカラ》偏ナリ。

読 心《こころ》遠《とほ》《トオ》ければ地《ち》自《おのづか》《オノズカ》ら偏《へん》なり。

訳 心が世間から遠いので、自然と住む土地も辺鄙《へんぴ》なところになる。〈③〉

⑧		⑦		⑥		⑤		④		③		②		①	
訳	読	訳	読	訳	読	訳	読	訳	読	訳	読	訳	読	訳	読

30 重要助字②

助字は複数の品詞にわたります。句形としてすでに学んだ語と重複しますが、漢文を訓読し、読解する際にとても重要なので、ここでまとめて復習しましょう。

理解度チェック
100％
75％
50％
25％

まとめ講義

而

読
① （置き字）
② しかシテ・しかうシテ
③ しかモ・しかレドモ

訳
① ～て・～して・～ども（直前の語に送りがなをつける）
② そして〈順接〉
③ しかし〈逆接〉

而《しかシテ》鷸《いつ》啄《ついばム》二其《ノ》肉《ヲ》一。

読 而《しか》して鷸《いつ》其《そ》の肉《にく》を啄《ついば》む。

訳 そしてシギがその肉をついばむ。〈②〉

若

読
① ごとシ
② もシ
③ しク
④ なんぢ

訳
① ～のようだ〈比況〉
② もし～たら〈仮定〉
③ 及ぶ・匹敵する
④ あなた・お前

吾為《ニ》レ若《なんぢガ》徳《セシメン》。

読 吾《われ》若《なんぢ》《ナンジ》が為《ため》に徳《とく》せしめん。

訳 私はお前のために恩恵を施そう。〈④〉

縦

読
① たとヒ
② はなツ・ゆるス
③ ほしいままニス

訳
① たとえ～ても〈仮定〉
② 自由にする・許す
③ 思うままにする

何為《レゾ》縦《ゆるセル》二太子《ヲ》一。

読 何為《なんす》れぞ太子《たいし》を縦《ゆる》せる。

訳 どうして太子を自由にしたのか。〈②〉

実戦レベルにトライ （解答→別冊 p.82）

1 次の漢文を書き下し、現代語に訳しなさい。

① 結《ビテ》レ廬《いほりヲ》在《リ》二人境《ニ》一、而《モ》無《シ》二車馬《ノ》喧《かまびすシキ》一。

＊「喧」は「うるさい」の意味。

② 若《シ》反《かへラバ》レ国《ニ》将《ニ》レ為《サント》レ乱《ヲ》。

③ 不レ若《カ》三人《ゴトニ》有《スルニ》二其《ノ》宝《ヲ》一。

④ 縦《ヒ》江東《ノ》父兄憐《レミテ》而王《トストモ》レ我《ヲ》、我何《ノ》面目《アリテ》見《エン》レ之《ニ》。

⑤ 歳《とし》寒《クシテ》、然《ル》後《ニ》知《ル》二松《しよう》柏《はく》之後《ルルヲ》レ彫《しぼムニ》一也。

＊「柏」は「コノデガシワ」のこと。「也」は読まない。

⑥ 民之従《フ》レ之《ニ》也軽《シ》。

⑦ 子《ハ》非《ズ》二三《さん》閭《りよ》太《たい》夫《ふニ》一与。

＊「三閭太夫」は官位の名。

然

読
① しかラバ・しかレバ
② しかルニ・しかレドモ
③ しかリ

訳
① そうであれば〈順接〉
② そうであるのに〈逆接〉
③ そのとおり

遂ニ覇二‐有セリ天下一ヲ。然レドモ今卒ニ困二シム於此一ニ。

読 遂《つひ》に天下《てんか》を覇有《はいう》せり。然《しか》れども今卒《いまつひ》に此《ここ》に困《くる》しむ。

訳 そうして天下を領有した。そうであるのにとうとうここまで追い込まれてしまった。〈②〉

也

読
① か・や
② や
③ なり
④ 〈置き字〉

訳
① 〜か・〜だろうか〈疑問・反語〉
② 〜は〈主語を示す・強意〉
③ 〜だ〈断定〉
④ 〜だ〈断定〉

回也不レ改二メ其ノ楽一シミヲ。

読 回《くわい》や其《そ》の楽《たの》しみを改《あらた》めず。

訳 顔回（人名）はその楽しみを改めようとしない。〈②〉

与

読
① と
② ともニ
③ あたフ
④ か・や

訳
① 〜と〈動作や比較の相手〉
② 〜とともに
③ あたえる
④ 〜か・〜だろうか〈疑問・反語〉

彼ト与レ彼年相ヒ若シケリ也。

読 彼《かれ》と彼《かれ》とは年相《としあ》ひ若《し》けり。

訳 彼と彼とは年齢が同じぐらいだ。〈①〉

①	②	③	④	⑤	⑥	⑦
読 訳	読 訳	読 訳	読 訳	読 訳	読 訳	読 訳

実力テスト⑧

・重要助字

20分　合格 35点　／50点

〈解答→別冊 p.84〉

□ 次の文章を読み、後の問いに答えなさい。設問の都合で返り点、送りがなを省いたところがある。

*張《ちやう》鄧《とう》公嘗《かつテ》謂《いヒテ》レ予《われニ》曰《ハク》、「*某《それがし》*挙《ゲラレシ》二進士《ニ》一時、*寇《こう》萊《らい》公《ト》同《ともニ》遊《ビ》二*相《しやう》国《こく》寺《じニ》一、前《すすミテ》詣《いたル》二*卜《ぼく》肆《しニ》一。卜者曰《ハク》、『A二人《ハ》皆宰相也《ト》』。既《ニ》出《デ》、逢《ヒ》二*張《ちやう》相《しやう》斉《せい》賢《けん》・王《わう》相《しやう》随《ずいニ》一、復《タ》往《キテ》詣《ル》レ之《ニ》。卜者大《イニ》驚《キテ》曰《ハク》、『一日之内、而有《リト》二四人《ノ》宰相一。』B相《あひ》顧《ミテ》大《イニ》笑《ヒテ》而退《ク》。因《リテ》レ是《ニ》卜者《ハ》声望日《ニ》消《エ》、C亦不復有人問之、卒《つひニ》窮餓《シテ》以《テ》死《スト》。」四人《ハ》其《ノ》後皆為《リ》二宰相《ト》一、D共欲二為レ之*作㆑伝、未レ能也。其《ノ》人亦《タ》可《キ》レ哀《レム》哉《かな》。

（『東斎記事《とうさいきじ》』）

語注

*張鄧公＝人名。宋時代の宰相、張士遜のこと。

*某＝自分を指す言い方。私。

*挙二進士一＝官吏登用試験の受験資格者に選抜される。

*寇萊公＝人名。宋時代の宰相、寇準のこと。

*相国寺＝宋の都にあった寺。

*卜肆＝占いの店。

*張相斉賢・王相随＝それぞれ宋時代の宰相、張斉賢・王随のこと。「相」は宰相のこと。

*作㆑伝＝伝記を書く。

1 ――線Aについて、「卜者」はどのようなことを告げたのか。その説明として適当なものを選び、記号で答えなさい。〔15点〕

① 張鄧公と寇萊公の二人は宰相の経験者であるということ。
② 張鄧公と寇萊公の二人は宰相の地位まで至るということ。
③ 張鄧公と寇萊公の二人は宰相の役職についているということ。
④ 張鄧公と寇萊公の二人は宰相に劣らない人望があるということ。
⑤ 張鄧公と寇萊公の二人は宰相としての見識を備えているということ。

□

2 ――線Bについて、「卜者」の占いに対する張鄧公たちのどのような反応を述べたものか。その説明として適当なものを選び、記号で答えなさい。〔15点〕

① 占いの内容があまりにもめでたいので、お世辞にしてもとても気が利いていると思い、幸先《さいさき》がよいと笑って大喜びした。
② 占いの内容があまりにも似通っているので、不思議なことだと思いながらも、とても縁起がよいとうれしそうに笑いあった。
③ 占いの内容があまりにも当たっているので、わざと身分を隠して占わせたことをきまり悪く思い、笑ってその場を取り繕った。
④ 占いの内容があまりにもよすぎるので、かえってあり得ないと思い、へつらいしか言わない占い師だと笑って取り合わなかった。
⑤ 占いの内容があまりにも期待はずれなので、受け入れる気持ちにはなれず、当てにならない占い師だとあざ笑って問題にしなかった。

□

3 ――線Cは「亦た復た人の之に問ふこと有らず」と書き下す。これにしたがって返り点をつけたものとして適当なものを選び、記号で答えなさい。〔10点〕

① 亦不㆑復有㆓人問㆒㆑之
② 亦不㆓復有㆑人問㆒㆑之
③ 亦不㆓復有㆒㆑人㆑問㆑之
④ 亦不㆓復有㆒㆑人問㆑之
⑤ 亦不㆔復有㆓人問㆒㆑之

□

4 ――線Dの書き下し文として適当なものを選び、記号で答えなさい。〔10点〕

① 共に之が為《ため》に伝を作らんと欲すれども、未だ能《あた》はざるなり。
② 共に之が為に伝を作らんと欲すれども、未だ能ふべけんや。
③ 共に之を為《な》して伝を作らんと欲するは、未だ能はざらんや。
④ 共に之を為して伝を作らんと欲するは、未だ能《よ》くするなり。
⑤ 共に之を為して伝を作らんと欲すれども、未だ能くせざるなり。

〈センター試験〉

□

31 漢詩

漢詩の形式と規則を覚えましょう。入試で問われる漢詩の規則は「押《おう》韻《いん》」と「対《つい》句《く》」です。「押韻」は偶数句末の空欄補充問題で問われます。「押韻」「対句」双方に注意して解答する問題も出題されます。

理解度チェック
100%
75%
50%
25%

まとめ講義

○漢詩の構成・詩形の分類

分類1	句数	分類2	一句の字数	詩形（分類3）	押韻
近体詩	四句	絶句	五字（五言）	五言絶句	偶数句末
			七字（七言）	七言絶句	第一句・偶数句末
	八句	律詩	五字（五言）	五言律詩	偶数句末
			七字（七言）	七言律詩	第一句・偶数句末
古体詩	不定	古詩	四字（四言）	四言古詩	偶数句末
			五字（五言）	五言古詩	
			七字（七言）	七言古詩	

○漢詩の技法（押《おう》韻《いん》・対《つい》句《く》）

［押韻］特定の句の末尾の韻をそろえて、音読した際の調子を整える技法。「韻」とは、漢字の音のうち、初めの母音以下の部分。

五言詩＝偶数句末の字
七言詩＝第一句末と偶数句末の字

鹿柴　王維

①空山不レ見レ人ヲ　②但《ただ》聞クノミ二人語ノ響ヲ一
③返景入リ二深林ニ一　④復タ照ラス青苔ノ上

基本をチェック（解答→別冊 p.88）

1 次の詩を読み、後の問いに答えなさい。

桂*林荘雑詠示ス二諸生ニ一　広瀬淡窓

休《や》メヨレ道《い》フコトヲ他郷多シト二苦［ア］一
*同《どう》袍《はう》有リレ友自《おの》ヅカラ相［イ］シム
*柴《さい》扉《ひ》暁ニ出《い》ヅレバ霜如シレ雪ノ
君ハ汲《く》メ二川流ヲ一我ハ拾ハンレ［ウ］ヲ

語注
*桂林荘＝私塾の名。
*同袍＝同じ、一つの綿入れ。同じ綿入れを共有するほどの親しい間柄。
*柴扉＝枝で作った粗末な扉。

問一　この詩の詩形を答えなさい。

問二　［ア］［イ］［ウ］に入る漢字として適当なものを選び、記号で答えなさい。
①親　②辛　③新　④薪　⑤臣

ア　イ　ウ

実戦レベルにトライ（解答→別冊 p.88）

2 次の詩を読み、後の問いに答えなさい。

響（kyou）　上（zyou）→韻が「ou」でそろっている。

● 五言詩の第一句を押韻することもある。また、七言詩の第一句を押韻しないこともある。

［対句］ 連続する二つの句で、文の構造をそろえ、対になる単語を用いるなどして、リズムを生じさせる技法。

青山横タハリ二北郭ニ一
⇔
白水遶《めぐ》ル二東城ヲ一

→文の構造が同一。

● **律詩の第三・四句**（頷聯《がんれん》）、**第五・六句**（頸聯《けいれん》）は、対句となるのが原則。

○ 漢詩の句切れ

漢詩の各句の意味上の切れめ（句切れ）は次のようになる。

五言詩＝○○／○○○（2＋3）

挙ゲテレ頭《かうべ》ヲ／望ミ二山月ヲ一

七言詩＝① ○○／○○／○○○（2＋2＋3）
② ○○○○／○○○（4＋3）

① 勧ムレ君ニ／更ニ尽クセ／一杯ノ酒

② 葡《ぶ》萄《だう》ノ美酒／夜光ノ杯

遊ブ二山西ノ村ニ一　　陸游

莫カレレ笑フコト農家ノ＊臘《らふ》酒《しゆ》ノ渾《にご》レルヲ
豊年ナレバ留《とど》ムルニレ客ヲ足レリ二鶏豚一
山重水複疑フニレ無キカトレ路《みち》
柳暗花明又一村
＊簫《せう》鼓《こ》追随シテ＊春社近ク
衣冠簡朴ニシテ古風［ア］セリ
従リレ今若シ許サバ二閑《ひま》ニ乗ズルヲ一レ月ニ
拄《つ》キテレ杖《つゑ》ヲ無クレ時ト夜叩《たた》カンレ門ヲ

語注
＊臘酒＝十二月に仕込んで、正月に飲む酒。
＊簫鼓＝笛や太鼓。
＊春社＝豊作を祈る春の祭。

問一 ［ア］に入る漢字として適当なものを選び、記号で答えなさい。

① 看　② 食　③ 招　④ 宴　⑤ 存

□

問二 第七・八句ではどのようなことを言っているのか、適当なものを選び、記号で答えなさい。

① 暇があって月夜が好きなら、お前もこの村を訪れてみるといい。
② 月夜を待つほど暇でないのなら、今晩にでもまた来てください。
③ 月光が、暇を持て余して夜に訪ねてくる客のように射している。
④ 許されるなら、今度は月見を理由にこの村を訪れたいものだ。

□

実力テスト⑨

・漢詩

20分　合格 35点　／50点

〈解答→別冊 p.90〉

□ 次の詩を読み、後の問いに答えなさい。設問の都合で返り点、送りがなを省いたところがある。

春江

（唐）白居易

① *炎《えん》涼《りやう》昏《こん》暁《げう》苦《はなは》ダ*推遷シ
② 不㆑覚エ*忠州ニ已《すで》ニ二年
③ *閑㆑ザシテ閣ヲ只《た》ダ聴ク*朝暮ノ鼓《つづみ》
④ 上楼空望往来船
⑤ 鶯《あう》声《せい》ニ誘《いう》引《いん》セラレテ来㆓タリ花下㆒ニ
⑥ 草色ニ勾《こう》留《りう》セラレテ坐㆓ス水辺㆒ニ
⑦ 唯ダ有㆓リ春江ノ看レドモ未㆒㆑ダル厭カ
⑧ 縈《めぐ》㆑リ砂ヲ遶《めぐ》㆑リテ石ヲ緑*潺《せん》湲《ゑん》タリ

（『白氏文集《はくしもんじゅう》』巻十八）

語注

*炎涼昏暁＝暑さと寒さ、夜と昼。
*推遷＝移り変わる。
*忠州＝地名。今の四川省忠県。作者はここに左遷され、二年間の役人生活を送った。
*閑㆑閣＝建物にとじこもること。
*朝暮鼓＝朝夕の時刻を知らせる太鼓の音。
*潺湲＝水のさらさら流れるさま。

1 この詩は七言律詩である。押韻している字として適当なものを選び、記号で答えなさい。〔10点〕

① 遷　年　船　湲　　② 年　船　辺　湲

③ 遷　年　船　厭　湲　　④ 遷　年　船　辺　湲

⑤ 年　船　辺　厭　湲

2 第③、第④句が対句になっていることに留意しつつ、第④句の書き下し文として適当なものを選び、記号で答えなさい。〔10点〕

① 楼に上りて空しく望む往来の船

② 楼に上りて空望するや往来の船

③ 楼に上りて空より望めば往来の船

④ 楼を上りて空しく望めば船往来す

⑤ 楼に上りて空より望めば船往来す

3 第⑤句の「鶯声」と第⑥句の「草色」はどのような観点に基づく対比の表現か。適当なものを選び、記号で答えなさい。〔10点〕

① 歓喜と悲哀　② 抽象と具象　③ 聴覚と視覚

④ 時間と空間　⑤ 微視的と巨視的

4 この詩の内容を述べたものとして適当なものを選び、記号で答えなさい。〔20点〕

① 楼上から往き来する船を眺めては、自分も早くあの船に乗って都に帰りたいという願いを表明している。

② 鶯の声を久しぶりに聞く懐かしさとともに、岸辺の花が性急に散り落ちる様子を述べ、惜春の情を強調している。

③ 朝夕の太鼓の音を聞き、にぎやかな村の様子を見るにつけ、空しく傍観するだけの現在の自分を残念に思っている。

④ 春夏秋冬が目まぐるしく移り変わり、心ならずも忠州で二年間を過ごしてしまった無念の情を訴えようとしている。

⑤ 現状に不満を抱きつつも、のどかで美しい春の川べりで日ごろの憂さを忘れて自然にひたる作者の心境がうかがえる。

〈センター試験〉

総合問題 〈センター試験対策特別講座〉

20分　合格35点　／50点

〈解答→別冊 p.92〉

□ 次の文章を読み、後の問いに答えなさい。設問の都合で返り点、送りがなを省いたところがある。

始メ余以テ二*丙《へい》子《し》ノ秋ヲ一、寓《ぐう》二-居《きよ》ス*宛《ゑん》丘《きう》南門ノ*霊通禅《ぜん》刹《さつ》之西堂ニ一。是ノ歳ノ季冬、(1)手植ウ二両*海《かい》棠《だう》ヲ于堂下ニ一。至リ二*丁《てい》丑《ちう》之春ニ一、A*時沢屢《しばしば》至リ、棠*茂悦スル也。仲春、且ニレ華サカント矣。余約シ下常ニ所ノ二与ニ飲ム一者ト上、(2)且ツ致二美酒ヲ一、将ニ三一二-酔セント于樹間ニ一。是ノ月ノ六日、予被リ二*謫《たく》書《しよ》ヲ一、*治行シテ之ク二*黄州ニ一。*俗事紛然トシ、余モ亦タ遷《うつ》シレ居ヲ、因リテB不二復省一レ花。到リテレ黄ニ、且ニ二周歳ナラント一矣。C寺僧ノ書来タリテ、言フ二花ノ*自如タルヲ一也。余因リテ思フニ、茲《こ》ノ棠之所ハレ植ヱシ、去ルコト二余ノ寝ヲ一無ク二十歩ト一、D欲与隣里親戚一飲而楽之、宜シク可キ二必ズ得一レ無キレ難キコト也。然レドモ垂《なんなん》トシテレ至ルニ而失フレ之ヲ。E事之不ルコトレ可カラレ知ル如シレ此クノ。今去ルコトレ棠ヲ且ニ二千里ナラント一、又タ身ハ在リテ二罪籍ニ一、其ノ*行止ハ未ダレバレ能ハ二自ラ期スルコト一、

語注

*丙子＝十干十二支による年の呼び方。北宋の紹聖三年（一〇九六）。

*宛丘＝現在の河南省にあった地名。

*霊通禅刹＝霊通は寺の名。禅刹は禅宗の寺院。

*海棠＝バラ科の花樹。春に紅色の花を咲かせる。

*丁丑＝十干十二支による年の呼び方。北宋の紹聖四年（一〇九七）。

*時沢＝時宜を得て降る雨。

*茂悦＝盛んにしげり成長していること。

*謫書＝左遷を命じる文章。

*治行＝旅支度をする。

*黄州＝現在の湖北省にあった地名。

*俗事紛然＝世の中が騒がしいこと。ここでは、当時の政変で多くの人物が処罰されたことを指す。

其ノ于《お》イテハレ棠ニ未ダル二遽《には》カニハ得レ見ルヲ也。然レドモ均シク于イテハレ不レルニ可レカラ知ル、則チ亦タ安F知四此

花不三忽然在二吾目前一乎。

（『張耒《ちょうらい》集』）

*自如＝もとのまま。ここでは、以前と同じように花を咲かせたことをいう。
*行止＝出処進退。

問1 傍線部(1)「手」・(2)「致」と同じ意味の「手」「致」を含む熟語として最も適当なものを、次の各群の①〜⑤のうちからそれぞれ一つずつ選べ。〔4点×2〕

(1)「手」
① 名手
② 挙手
③ 手記
④ 手腕
⑤ 手法

(2)「致」
① 筆致
② 招致
③ 極致
④ 風致
⑤ 一致

(1) □
(2) □

問2 傍線部A「時沢屢至、棠茂悦也」から読み取れる筆者の心情として最も適当なものを、次の①〜⑤のうちから一つ選べ。〔6点〕

① 恵みの雨を得て海棠が喜んでいるように、筆者自身も寺院での心静かな生活に満足を感じている。
② 春の雨が海棠を茂らせることに今年の豊作を予感し、人々が幸福に暮らせることを期待している。
③ 恵みの雨を得て茂る海棠の成長を喜びつつも、宛丘での変化のない生活に退屈を覚え始めている。
④ 春の雨に筆者は閉口しているが、海棠には恵みの雨であると思い直して花見を楽しみにしている。
⑤ 恵みの雨を得て茂る海棠を喜びながらも、雨天の続く毎日に筆者は前途への不安を募らせている。

□

問3 傍線部B「不二復省一レ花」から読み取れる筆者の状況を説明したものとして最も適当なものを、次の①〜⑤のうちから一つ選べ。〔6点〕

① 筆者は政変に際して黄州に左遷され、ふたたび海棠を人に委《ゆだ》ねることになった。
② 筆者は政変に際して黄州に左遷され、もう一度海棠を移し替えることができなかった。
③ 筆者は政変に際して黄州に左遷され、それきり海棠の花を見ることがなかった。
④ 筆者は政変に際して黄州に左遷され、またも海棠の花見の宴を開く約束を果たせなかった。
⑤ 筆者は政変に際して黄州に左遷され、二度と海棠の花を咲かせることはできなかった。

□

問4　傍線部C「寺 僧 書 来」について、このことがあったのはいつか。最も適当なものを、次の①～⑤のうちから一つ選べ。〔6点〕

① 筆者が左遷された年の春。
② 筆者が左遷された年の歳末。
③ 筆者が左遷された翌年の春。
④ 筆者が左遷された翌年の歳末。
⑤ 筆者が左遷された二年後の春。

問5　傍線部D「欲 与 隣 里 親 戚 一 飲 而 楽 之」について、返り点のつけ方と書き下し文との組合せとして最も適当なものを、次の①～⑤のうちから一つ選べ。〔6点〕

① 欲下与二隣 里 親 戚一一 飲上而 楽レ之　隣里親戚と一飲せんと欲して之を楽しむは
② 欲下与二隣 里 親 戚一一 飲 而 楽上レ之　隣里親戚と一飲して之を楽しまんと欲せば
③ 欲レ与二隣 里 親 戚 一 飲一而 楽レ之　隣里親戚の一飲に与《あづか》らんと欲して之を楽しむは
④ 欲レ与二隣 里 親 戚一一 飲 而 楽レ之　隣里親戚に与らんと欲して一飲して之を楽しむは
⑤ 欲下与二隣 里 親 戚一一 飲 而 楽上レ之　隣里親戚に与へて一飲して之を楽しませんと欲せば

問6　傍線部E「事 之 不レ可レ知 如レ此」の解釈として最も適当なものを、次の①～⑤のうちから一つ選べ。〔6点〕

① この地で知人を見つけられない事のいきさつは、このようである。
② 事の善悪を自分勝手に判断してはいけないのは、このようである。
③ 自分の事が他人に理解されるはずもないのは、このようである。
④ これから先に起こる事を予測できないのは、このようである。
⑤ 努力しても事が成就するとは限らないのは、このようである。

問7　傍線部F「安 知四此 花 不三忽 然 在二吾 目 前一乎」について、書き下し文と解釈との組合せとして最も適当なものを、次の①～⑤のうちから一つ選べ。〔6点〕

① 【書き下し文】安くにか此《こ》の花の忽然として吾が目前に在らざるを知るあらんか
【解　釈】どこにこの花が思いがけず私の目の前に存在することがないと分かる人がいるのか。

② 【書き下し文】安くんぞ此《ここ》に花の忽然として吾が目前に在らざるを知らんか
【解　釈】どうしてここで花が私の目の前から存在しなくなるとぼんやりとでも分かるのか。

③ 【書き下し文】安くんぞ此の花の忽然として吾が目前に在らざるを知らんや
【解　釈】どうしてこの花が思いがけず私の目の前に存在することがないと分かるだろうか。

④ 【書き下し文】安くにか此の花の忽然として吾が目前に在らざるを知るあらんや
【解　釈】どこにこの花が私の目の前に存在しないとぼんやりとでも分かる人がいるだろうか。

⑤ 【書き下し文】安くんぞ此に花の忽然として吾が目前に在らざるを知らんや
【解　釈】どうしてここで花が私の目の前から不意に存在しなくなると分かるだろうか。

問8 この文章全体から読み取れる筆者の心境を説明したものとして最も適当なものを、次の①～⑤のうちから一つ選べ。〔6点〕

① 不遇な状況にある自分だが、しばらく過ごしただけの寺の僧からの手紙を受け取って、宗教的修行を積んだ人間への敬意を深め、ひいては人間という存在を信頼しようと思い直している。

② 我が身の不遇はともかく、主のいなくなった海棠の行く末を心配しながらも、無心の存在である海棠と対照的に花への執着を捨てられない自分を嫌悪し、将来に対して悲観的になっている。

③ 不遇な状況に陥るやいなや人々から交際を絶たれるという体験を通して人を信じられなくなったが、これまでと変わることなく咲いた海棠の花によって心がいやされ、安らぎを感じている。

④ 自分の不遇な状況には変化がないのに、海棠の花は以前と同じく華やかに咲いたという手紙を受け取って、現状から早く脱出したいと思いながらも何もできないと、焦燥感に駆られている。

⑤ 今は不遇な状況にある自分だが、いつの日か罪を許されて再び海棠の花を愛《め》でるときが来るかもしれないと、悲しみに没入することなく運命を大局的にとらえ、乗り越えようとしている。

イラスト　豆画屋 亀吉
DTP　株式会社 ユニックス

シグマベスト
基礎固め＋スキルアップ
漢文句法マスタードリル

著　者　飯塚敏夫
発行者　益井英郎
印刷所　株式会社 加藤文明社
発行所　株式会社 文 英 堂

〒601-8121　京都市南区上鳥羽大物町28
〒162-0832　東京都新宿区岩戸町17
（代表）03-3269-4231

ΣBEST
シグマベスト

基礎固め+スキルアップ

漢文句法
マスタードリル

解答・解説集

文英堂

1 返り点①

基本をチェック　解答

1 □に返り点に従って読む順番を数字で書きなさい。

① [2]レ [1] [4]レ [3]。
② [1] [5]レ [4]レ [3]レ [2]。
③ [3]二 [1] [2]一 [4]。
④ [5]三 [1] [4]二 [2] [3]一。
⑤ [5]三 [3]二- [4] [1] [2]一。

2 □の中の数字の順番に読むように返り点をつけなさい。

① [3]レ [2]レ [1] [4]。
② [2]レ [1] [3] [6]レ [5]レ [4]。
③ [3]二 [1] [2]一 [6]二 [4] [5]一。
④ [6]レ [5]二 [2]レ [1] [3] [4]一。
⑤ [1] [7]三 [2] [6]二 [3] [4] [5]一。

解説

1 **基本は上から順に。「三」「二」のついている字はとばす。**

① **レ点**の働きで、[2]↑[1]、[4]↑[3]と下から返って読む。

② [5]↑[4]↑[3]↑[2]のように、**レ点**の連続で下から一字ずつ返って読む。

③ 一字めは「二」がついているのでとばす。「一」がついている字まで読んだら、「二」に返る。

④ 「三」、「二」がついている字をとばす。返り点のついていないものを[1]↓[2]と読み、「一」のついた[3]から「三↑二↑一」と読む。

⑤ 「-」で結ばれた下の字を読んでから、「三」へ返る点に注意。

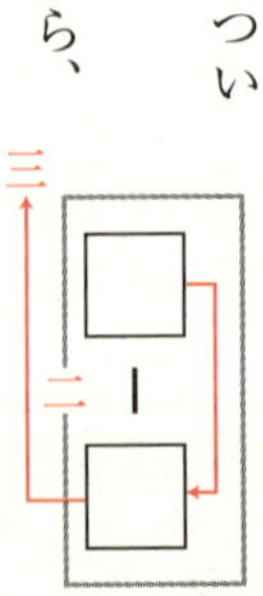

2 **下の字から上の字にどうやって返るか考える。**

① [3]↑[2]↑[1]は、**レ点**で下から一字ずつ返ればよい。**レ点**にしたがって読んだ後、上から下に[3]↓[4]。

② [2]↑[1]、[6]↑[5]↑[4]は、いずれも下から一字ずつ返っているので、**レ点**を用いる。

③ [3]↑[2]、[6]↑[5]は、間に[1]、[4]を挟んで二字返っているので**一二点**を用いる。

実戦レベルにトライ 解答

3 次の漢文に書き下し文の読みになるように返り点をつけなさい。

① [1]酬ユルニ [3]以テスルモ レ [2]金ヲ、[5]不ず レ [4]受ケ。

読 酬《むく》ゆるに金《きん》を以《もつ》てするも、受《う》けず。

② [1]其ノ [2]僚 [3]友 [4]咸 [6]側-二-[7]目ス [5]之ヲ 一。

読 其《そ》の僚友《れういう》《リョウユウ》咸之《みなこれ》を側目《そくもく》す。

③ [1]窃カニ [3]知リ レ [2]之ヲ、[4]常ニ [8]有リ 二 [6]害スル レ [5]我ヲ [7]心 一。

読 窃《ひそ》かに之《これ》を知《し》り、常《つね》に我《われ》を害《がい》する心有《こころあ》り。

④ [1]人 [2]皆 [8]有リ 二 [5]不ざル レ [4]忍ビ レ [3]人ニ [6]之の [7]心 一。

読 人皆人《ひとみなひと》に忍《しの》びざるの心有《こころあ》り。

⑤ [1]天 [2]下ニ [6]莫シ 三 [4]柔-二-[5]弱ナルハ [×]於 [3]水ヨリ 一。

読 天下《てんか》に水《みづ》《ミズ》より柔弱《じうじやく》《ジュウ》なるは莫《な》し。

＊「於」は置き字（→p.18）で、読まない。

---

④ [2]←[1]、[6]←[5]は、一字返るので**レ点**、[5]←[4]は、四字返っているので**一二点**を用いる。

⑤ [1]→[2]→[3]→[4]→[5]は、上から下にそのまま読めばよい。[7]←[6]←[5]は、いずれも二字以上返っているので**一二三点**で返る。

3 **書き下し文を見て、読む順番を横に書いて考えよう。**

① 文末の助動詞「ず」が「不」であることに注意。「**不←受**」と**レ点**で返る。

訳 謝礼に金を与えようとしたが、受け取らなかった。

② **二点**をつける位置に注意。

訳 その同僚は皆彼を憎み見た。

③「**有←心**」は三字返るので、**一二点**を用いる。

訳 ひそかにこれを知り、常に私を殺そうとする意思があった。

④ 助動詞「**ず**」の**連体形**「**ざる**」が「**不**」、助詞の「**の**」が「**之**」であることに注意。

訳 人には誰にでも他人の不幸を耐えがたく思う気持ちがある。

⑤「**莫←柔-弱←水**」は、それぞれ二字返るので、**一二三点**を用いる。「**於**」は読まないが、字数に含める。実際には「**弱**」から「**莫**」へ返るのだが、二点は**ハイフンの真横**につける。

訳 世の中に水ほど柔らかく弱いものはない。

漢文のツボ

【悪】

読 ① あく ② にくム ③ いづクンゾ ④ いづクニカ

訳 ① 悪・悪いこと ② 憎む・嫌う ③ どうして〜か ④ どこに〜か

→ ①は名詞。②は動詞。③は反語形で重要。悪＝安・焉・寧。④は疑問・反語形。

2 返り点②

基本をチェック 解答

1 □に返り点に従って読む順番を数字で書きなさい。

① [5]下 [3]二 [1] [2]一 [4]上。

② [7]下 [1] [6]中 [4]二 [2] [3]一 [5]上。

③ [1] [2] [7]二 [4]レ [3] [6]レ [5]。

④ [7]下 [3]二 [1] [2]一 [4] [6]㆖レ [5]。

⑤ [8]乙 [6]下 [3]二 [1] [2]一 [5]㆖レ [4] [7]甲。

2 □の中の数字の順番に読むように返り点をつけなさい。

① [6]下 [3]二 [1] [2]一 [4] [5]上。

② [1] [7]下 [4]二 [2] [3]一 [5] [6]上 [8]。

③ [1] [2] [8]下 [6]二 [3] [5]レ [4] [7]上。

④ [8]下 [3]二 [1] [2]一 [7]中 [4] [6]㆖レ [5]。

⑤ [6]下｜ [7] [3]二 [1] [2]一 [5]㆖レ [4]。

解説

1 **中の一二点を読んでから、「下↑上」と返って読む。**

① 「下」「二」がついていたらとばす。上から読んで「一」を読んだら「二」へ、「上」を読んだら「下」に返る。

② 「中」があっても、**上中下点**に挟まれた所を上から読み、**一二点**を読んで[7]↑[6]↑[5]と返ればよい。

③ 「レ」がついていたら、下の字を先に読み、ついている字から「二」のついている字に返る。

④ 「㆖レ」がついていたら、下の字を先に読み、ついている字から「下」のついている字に返る。

⑤ **一二点**を挟む**上下点**を読んだ後、「甲」にあたったら「乙」に返って読む。

2 **上下点は一二点を挟んで返るときに用いる。**

① [3]↑[2]は、二字返るので**一二点**を用いる。[4]はそのままで読み、[6]↑[5]は**一二点**を挟んでいるので**上下点**で返る。

② [4]↑[3]、[7]↑[6]は①と同じ。[8]のように、返り点のない末尾の字は、そのまま最後に読む。

③ [5]↑[4]は**レ点**を、[6]↑[5]は**一二点**を用いた返り方で、[5]に「レ」を用いればよい。

実戦レベルにトライ 解答

3 次の漢文に書き下し文の読みになるように返り点をつけなさい。

① [6]有リ下 [1]人ノ [4]従リ二 [2]長 [3]安一 [5]来タル上。

読 人《ひと》の長安《ちゃうあん》《チョウ》より来《き》たる有《あ》り。

② [7]不ず下 [3]以テ二 [1]私 [2]事ヲ一 [6]害セ中 [4]公 [5]義ヲ上。

読 私事《しじ》を以《もつ》て公義《こうぎ》を害《がい》せず。

③ [1]人ハ [7]不ず下 [4]以テ二 [2]善 [3]言ヲ一 [6]為サ上レ [5]賢ト。

読 人《ひと》は善言《ぜんげん》を以《もつ》て賢《けん》と為《な》さず。

④ [8]知ル下 [3]欺ク二 [1]大 [2]王ヲ一 [4]之の [5]罪 [7]当タルヲ上レ [6]誅ニ。

読 大王《だいわう》《オウ》を欺《あざむ》くの罪誅《つみちう》《チュウ》に当《あ》たるを知《し》る。

⑤ [3]所二‐[4]以ハ [2]枕スルレ [1]流レニ、[8]欲スレバナリレ [7]洗ハント二 [5]其ノ [6]耳ヲ一。

読 流《なが》れに枕《まくら》する所以《ゆゑん》《ユエン》は其《そ》の耳《みみ》を洗《あら》はん《ワ》と欲《ほつ》すればなり。

---

④ [6]←[5]は**レ点**を、[8]←[7]←[6]は**上中下点**を用いた返り方で、[6]に「**上レ**」を用いればよい。

⑤ [6‐7]に、**上下点**の「**下**」で最後に返るようにする。

3 **書き下し文では文末にある述語が、漢文では文頭にあることがしばしばある。返り点に注意しよう。**

① 「**従**←**安**」は二字以上返るので**一二点**を、これを挟んで返る「**有**←**来**」は**上下点**を用いる。「**従**」が助詞「**より**」と書き下されていることに注意。

訳 ある人で長安から来た人がいた。

② 「**不**←**害**←**義**」は**一二点**を挟んで返るので**上中下点**を用いる。

訳 個人的なことでおおやけのことを損なうことはしない。

③ 「**為**←**賢**」は**レ点**で、「**不**←**為**」は**上下点**で返る。これを組み合わせた「**レ**」を「**為**」に用いる。

訳 人は言うことの正しさで賢明だと認めるのではない。

④ 「**当**←**誅**」は**レ点**で、「**知**←**当**」は**上下点**で返る。これを組み合わせた「**上レ**」を「**当**」に用いる。

訳 大王様をあざむいた罪は死罪にあたると知っている。

⑤ 「**所‐以 枕 流**」で**一二点**を使っているが、これを挟んではいないので「**欲 洗 其 耳**」の返り点も**一二点**でよい。

訳 川の流れを枕とするのは、耳を洗いたいからだ。

漢文のツボ 【安】

読 ① やすンズ ② いづクンゾ ③ いづクニカ 訳 ① 安心させる・鎮める ② どうして～か ③ どこに～か

➡ ①は動詞。②は反語形。③は疑問・反語形。センター試験の選択肢に「安心」「安全」「安定」などとあったら、攪乱《かくらん》選択肢。

実力テスト①

・返り点

書き下し文 通釈 ⇩ 本冊 p.16下段参照

解答

1

❶ ――線Aに下の書き下し文にしたがって、返り点と送りがなをつけなさい。〔10点〕

[5]有リ下 [3]好ム二 [1]鷗 [2]鳥ヲ一 [4]者上。

❷ ――線Bを書き下しなさい。〔15点〕

我《われ》之《これ》を玩《もてあそ》ばん。

解説

1

❶ まず「好鷗鳥」を「**鷗→鳥→好**」の順にすることを考える。「鳥」から「好」へ「鷗」をまたいで返るので、**一二点**を用いる。

次に「者」から**一二点のついた漢字を挟んで**一番上の「有」へ返るので、**上下点**を「**者→有**」の順になるようにつければよい。

好二 鷗 鳥一

有下〈好二 鷗 鳥一〉者上

❷ 「玩」に**レ点**がついているので、「**我→之→玩**」の順に書き下す。「我」＝**主語**、「玩」＝**述語**、「之」＝**目的語**で、「**主語―述語―目的語**」の文型。**レ点**によって「**目的語→述語**」という日本語の語順に直している。「もてあそばん」は動詞「もてあそぶ」に**推量・意志の助動詞**「**む(ん)**」がついて、「もてあそびたい」という意味。漢文では推量・意志の助動詞は「**む**」ではなく、「**ん**」と書き表すことに注意。

2

❶ ——線Aに下の書き下し文にしたがって、返り点と送りがなをつけなさい。〔10点〕

自ラ以テレ身ヲ投ジ二墨汁ニ一、

1 3 2 6 4 5

❷ ——線Bの書き下し文になっている部分を、もとの漢文に戻したい。「頻」「双」「翼」「展」の適切な語順を答えなさい。〔15点〕

走作謝字、頻 展 双 翼、已乃穿窗而去。

2

❶ 「自→身→以→墨→汁→投」の順にする。**読む順番が入れ替わる字に着目**しよう。「**身→以**」はすぐ上の字に返るので、**レ点**を用いて「**以レ身**」となる。「**墨→汁→投**」は「**投**」をとばして「**墨汁**」を読んでから返る順にする。二字以上返るので**一二点**を用いて「**投二墨汁一**」とする。あとは、書き下し文通りに助詞や活用語尾をつければよい。

❷ 漢文の基本的な文型を確認しよう（→本冊 p.8）。日本語の語順と大きく異なっているのは、「**述語→目的語**」「**述語→補語**」となる点。まずは**述語**を見つけて、これにかかる**目的語**や**補語**を決める。述語は「**展**」、目的語が「**双翼を**」なので「**展→双→翼**」の語順となる。「**頻**」は副詞で述語「**展**」を修飾するため、「**展**」の上に置く。

飯塚直伝

主語 (副詞) 述語 目的語

（蜂）頻リニ展ベ二双 翼ヲ一、

——線Bを図示すると右のようになる。隠された主語は「蜂」だ。英語の文型でもそうだが、副詞は主語・述語・目的語のいずれにも相当しない修飾語だ。

漢文のツボ

【焉】 読 ①いづクンゾ ②いづクニカ ③これ・ここ ④置き字 訳 ①どうして〜か ②どこに〜か ③これ・ここ ④×

→①は反語形。②は疑問・反語形。焉＝悪・安・寧。④置き字は読まない、訳さない。

3 置き字

基本をチェック 解答

1 次の漢文から置き字をすべて抜き出して書きなさい。

① 入リテ二乎耳ヨリ一出ヅ二於口ヨリ一。

読 耳《みみ》より入《い》りて口《くち》より出《い》づ《ズ》。

② 良薬ハ苦ケレドモ二於口ニ一而利アリ二於病ニ一。

読 良《りやう》《リョウ》薬《やく》は口に苦《にが》けれども病《やまひ》《ヤマイ》に利《り》あり。

①	②
乎 於	於 而 於

2 次の——線部の置き字の働きは順接か逆接か書きなさい。

① 学ビテ而時ニ習レフ之ヲ。

読 学《まな》びて時《とき》に之《これ》を習《なら》ふ《ウ》。

② 殺レスモ之ヲ而不レ怨うらミ。

読 之《これ》を殺《ころ》すも怨《うら》みず。

①	②
順接	逆接

解説

1 **まずは置き字となる漢字を覚えよう。**

① 「**乎**」「**於**」が置き字。**動作が起こる場所（起点）**を表し、送りがな「ヨリ」に意味が反映されている。

訳 （つまらない人の学問は）耳から入って、口から出ていく。

② 二つの「**於**」は、**対象**を表し、送りがな「ニ」に意味が反映されている。「**而**」は**逆接の接続**を表している。「苦ケレドモ」の「ドモ」から逆接に読み取る。

訳 良い薬は口には苦く感じられるけれども病気に効果がある。

2 **置き字の「而」は順接、逆接、どちらかの接続を表している。**

① 「**而**」の直前の読みに注意。「学ビテ」なので**順接**。

訳 学んでいつもおさらいをする。

② 「殺スモ」となっているので**逆接**。

訳 これ（民）を殺しても（民は）恨《うら》まない。

3 次の□に適当な置き字を「於・而・焉」から選んで書きなさい。

① 青ハ取リテ二之ヲ［於］藍《あゐ》ヨリ一、［而］青シ二於藍ヨリモ一。

読 青《あを》《アオ》は之《これ》を藍《あゐ》《アイ》より取《と》りて、藍《あゐ》《アイ》よりも青《あを》《アオ》し。

② 苗ハ則《すなは》チ槁《か》レタリ［焉］。

読 苗《なへ》《ナエ》は則《すなは》《スナワ》ち槁《か》れたり。

③ 過《あやま》チテ［而］不《ざ》ルレ改メ、是《これ》ヲ謂《い》フレ過チト矣。

読 過《あやま》ちて改《あらた》めざる、是《これ》を過《あやま》ちと謂《い》ふ《ウ》。

4 次の漢文を書き下しなさい。

① 1朝《あした》ニ 3聞カバレ 2道ヲ、4夕ベニ 5死ストモ 6可ナリ ×矣。

② 1君 2子ハ 3博《ひろ》ク 5学ブ二 ×於 4文ヲ一。

③ 1吾《われ》 2十 3有 4五ニシテ ×而 6志ス二 ×于 5学ニ一。

実戦レベルにトライ 解答

①	②	③
朝《あした》に道《みち》を聞《き》かば、夕《ゆふ》《ユウ》べに死《し》すとも可《か》なり。	君子《くんし》は博《ひろ》く文《ぶん》を学《まな》ぶ。	吾《われ》十《じふ》《ジュウ》有《いう》五《ご》にして学《がく》に志《こころざ》す。

3 **それぞれの置き字の意味・働きを覚えよう。**

① 上の□の直後の読みに注意。「**藍ヨリ**」と**起点(出所)**の意味を表しているので「**於**」が正解。下の□は、読点の直後にあり、接続詞の働きをする置き字を入れることになる。接続詞の働きをするのは「**而**」。

訳 青(の染料)は藍《あい》(草)より取って、藍よりも青い。

② **文末**にある点に注意。文末に置くのは「**焉**」。

訳 苗はそして枯れてしまった。

③「**過チテ**」と接続助詞を受けていることから、**接続**を表す「**而**」が入る。

訳 過ちを犯して改めない、これを過ちというのだ。

4 **置き字そのものは読まない。書き下すときは注意しよう。**

① **文末**の「**矣**」が置き字。

訳 朝に人としての道を聞き知ったならば、夕方に死んだとしてもよい。

②「**於**」が置き字。「**文**」の送りがな「**ヲ**」に意味が反映されている。

訳 君子は広く書物を学ぶ。

③「**而**」と「**于**」が置き字。「**而**」は「**ニシテ**」と**順接**を表し、「**于**」は送りがな「**ニ**」に**対象**を表す働きが反映されている。

訳 私は十五歳で学問を修めようと志した。

漢文のツボ 【応】

読 ① こたフ ② まさニ～ベシ　訳 ① 答える・返事をする ② きっと～のはずだ・当然～すべきだ

→ ①は動詞。②は再読文字で重要。「当」「応」ともに再読文字で当然・推量の意味があるが、「応」は推量であることが多い。

4 返読文字①

基本をチェック 解答

1 次の［　］に読みがなをひらがなで、□に送りがなをカタカナで書きなさい。

① 学ビテ而不レ［ざ］［レ］バ思［ハ］、則《すなは》チ罔《くら》シ。

訳 学んでよく考えないと、道理はわからない。

② 無二［な］［キ］ハ是非之《の》心一、非レ［あら］［ザル］人ニ也。

訳 善悪を区別する心がないのは、人間ではない。

③ 君莫レ［な］［カレ］笑フ。

訳 君よ、笑ってはいけない。

④ 王使二［し］［ム］人ヲシテ学一レバ之ヲ。

訳 王は人にこれを学ばせた。

⑤ 三タビ［る］見レ逐《お》ハ二於君一ニ。

訳 三度主君に追い出される。

解説

1 **助動詞の活用に注意しよう。**

① 「不」は返読文字で、**否定の助動詞**「ず」と読む。**接続助詞**「バ」を接続させて仮定を表す。漢文では、習慣的に**已然形**「**ざレ**」に「バ」を接続させて仮定を表すことが多い。

読 学《まな》びて思《おも》は《ワ》ざれば、則《すなは》《スナワ》ち罔《くら》し。

② 「無」は下から返って「**なシ**」と読む。**助詞**「ハ」に接続しているので**連体形**「**なキ**」が入る。「**非**」は下から返って「**あらズ**」と読む。助動詞の「**なり**(也)」に接続するときには、**連体形**「**あらザル**」になる。

読 是非《ぜひ》の心無《こころな》きは、人《ひと》に非《あら》ざるなり。

③ 「**なシ**」の**命令形**「**なカレ**」で「～してはいけない」「～するな」という**禁止**の表現になる。

読 君笑《きみわら》ふ《ウ》莫《な》かれ。

④ 「**使**」は下から返って、**使役の助動詞**「**しム**」と読む。文末なので**終止形**「**しム**」でよい。

読 王人《わうひと》《オウ》をして之《これ》を学《まな》ばしむ。

⑤ 「**見**」は下から返って、**受身の助動詞**「**る・らル**」と読む。下の動詞が四段・ナ変・ラ変の場合は「**る**」、それ以外は「**らル**」と読む。

⑥ 一寸ノ光陰［ ず ］不レ［ べ ］可レカラ軽《かろ》ンズ。

訳 ごくわずかな時間も無駄にしてはいけない。

実戦レベルにトライ 解答

2 次の漢文を書き下しなさい。

① [1]富[2]貴ハ[5]非ズ二[3]吾《わ》ガ[4]願ヒニ一。

② [1]子《し》[5]無カレ二[2]敢《あ》ヘテ[4]食ラフコトレ[3]我ヲ[×]也。

* 「也」は読まない。

③ [6]遣ム三[1]蘇《そ》[2]武《ぶ》ヲシテ[5]使ヒセ二[3]匈《きよう》[4]奴《ど》ニ一。

* 「蘇武」は人名。「匈奴」は民族名。

④ [1]厚キ[2]者ハ[4]為レレ[3]戮《りく》セ、[5]薄キ[6]者ハ[8]見レ[7]疑ハ。

⑤ [1]終《つひ》ニ[5]不レ[4]得レ[3]帰ルコトヲレ[2]漢ニ。

* 「漢」は国名。

①	富貴《ふうき》は吾《わ》が願《ねが》ひ《イ》に非《あら》ず。
②	子《し》敢《あ》へ《エ》て我《われ》を食《く》らふ《ウ》こと無《な》かれ。
③	蘇《そ》武《ぶ》をして匈奴《きようど》に使《つか》ひ《イ》せしむ。
④	厚《あつ》き者《もの》は戮《りく》せられ、薄《うす》き者《もの》は疑《うたが》は《ワ》る。
⑤	終《つひ》《ツイ》に漢《かん》に帰《かへ》《カエ》ることを得《え》ず。

2 句形の中心となる返読文字の読みをマスターしよう。

⑥ 「**不可**」は下から返って「**べカラず**」と読み、**不可能や禁止**を表す。

読 三《み》たび君《きみ》に逐《お》は《ワ》る。

読 一寸《いっすん》の光陰《くわういん》《コウ》軽《かろ》んずべからず。

① 「**非**」は下から返って「**非**《あら》**ず**」と読む。

訳 富と高い身分とは私の願うところではない。

② 「**無かれ**」で**禁止**を表す。「**子**」は、「**し**」と読むときには、敬意を含んで相手に呼びかける意味で「**あなた**」と訳す。「**敢へテ**」は否定の表現の文中では「**決して**」などと訳す。

訳 あなたは決して私を食べてはいけない。

③ 「**遣**」は返読文字としては「**しむ**」と**使役の助動詞**で読む。助動詞なので**ひらがな**で書き下す。

訳 蘇武を匈奴に使者とさせる。

④ 「**為**」「**見**」は返読文字では「**る・らる**」と**受身の助動詞**で読む。助動詞なので**ひらがな**で書き下す。

訳 (正しい意見を述べても)ひどい人は殺され、軽い人でも疑われる。

⑤ 「**得**」は「**う**」と読み、**可能**を表す。「**不得**」で「**得**《え》**ず**」と読み、**不可能**を表す返読文字。

訳 とうとう漢に帰ることができなかった。

漢文のツボ 【宜】

読 ①よろシ ②むベナリ ③よろシク～ベシ 訳 ①かなっている・適している ②もっともである・当然である ③～するのがよい

➡ ①は形容詞。②文頭の「宜乎」は「むベナルカナ」と読み、「もっともなことだなあ」と訳す。③は再読文字。

5 返読文字②

基本をチェック 解答

1 次の［　］に読みがなをひらがなで、□に送りがなをカタカナで書きなさい。

① 其ノ仁ハ如［ごと］［ク］レ天ノ、其ノ知ハ如［ごと］［シ］レ神ノ。

訳（皇帝の）その仁愛は天帝のようで、その知識は神のようだ。

② 門ハ雖［いへど］［モ］レ設クト而常ニ関《と》ザセリ。

訳 門は設けてあるけれどもいつも閉ざしている。

③ 揮《ふる》ヒテレ手ヲ自［よ］［リ］レ茲《ここ》去レバ

訳 手を振ってここから去れば

④ 有［あ］［リ］二顔回ナル者一、好ムレ学ヲ。

訳 顔回という者がいて、学問を好んでいる。

⑤ 君子ハ易［やす］［ク］シテレ事《つか》ヘ而難［がた］［シ］レ説《よろこ》バシメ也。

訳 君子は仕えやすいが喜ばせにくい。

＊「也」は読まない。

解説

1 **頻出の返読文字の読みをマスターしよう。**

① 「**如（若）**」は返読文字では、「**ごとシ**」と、**比況の助動詞**として読む。「、」で文を中止するときには「**ごとク**」と**連用形**にする。助動詞なので**ひらがな**で書き下す。

読 其《そ》の仁《じん》は天《てん》のごとく、其《そ》の知《ち》は神《かみ》のごとし。

② 「**雖**」は「**いへどモ**」と読み、**逆接**を表す。

読 門《もん》は設《まう》くと雖《いへど》も常《つね》に関《と》ざせり。

③ 「**自（従）**」は返読文字では、「**より**」と読み、**起点・入り口**を表す。助詞なので**ひらがな**で書き下す。

読 手《て》を揮《ふる》ひて茲《ここ》より去《さ》れば

④ 「**有**」は返読文字では、「**あり**」と読み、**存在すること**を表す。「、」で文を中止するときには、「**あり**」と**連用形**にする。

読 顔回《がんくわい》なる者《もの》有《あ》り、学《がく》を好《この》む。

⑤ 「**易**」「**難**」は返読文字では、形容詞の「**やすシ**」「**か（が）たシ**」と読む。文を中止するときや，「して」に接続するときには、「**やすク**」と**連用形**にする。

読 君子《くんし》は事《つか》へ易《やす》くして、説《よろこ》ばしめ難《がた》し。

実戦レベルにトライ 解答

2 次の漢文を書き下しなさい。

① [1]己《おのれ》ノ [4]所レ [3]不ルレ [2]欲セ、[7]勿カレレ [6]施スコト二 [×]於 [5]人ニ一。

＊「於」は置き字。

② [1]君 [2]子ハ [7]不二 [4]以テレ [3]言ヲ [6]挙ゲレ [5]人ヲ。

③ [1]富ト [3]与ハレ [2]貴、[4]是《これ》 [5]人 [6]之《の》 [8]所レ [7]欲スル [9]也《なり》。

④ [6]不ルレ [5]足ラ下 [3]為ニ二 [1]外 [2]人ノ一 [4]道《い》フニ上 [7]也。

⑤ [7]不ルレ [6]知ラ三 [2]蔵スルノレ [1]財ヲ [4]所二‐ [5]以ナルヲ [3]出ダサルル一 [8]也。

⑤	④	③	②	①
財《ざい》を蔵《ざう》《ゾウ》するの出《い》ださるる所以《ゆゑん》《ユエン》なるを知《し》らざるなり。	外人《ぐわいじん》《ガイ》の為《ため》に道《い》《ウ》ふに足《た》らざるなり。	富《ふう》と貴《き》とは、是人《これひと》の欲《ほっ》する所《ところ》なり。	君子《くんし》は言《げん》を以《もっ》て人《ひと》を挙《あ》げず。	己《おのれ》の欲《ほっ》せざる所《ところ》、人《ひと》に施《ほどこ》すこと勿《な》かれ。

2 **返読のための返り点に慣れ、正しく読めるようになろう。**

① 返読文字の「所」の意味・訳は「〜(する)こと・もの」。「所 不 欲」と返読文字が並んでいるが、下から順に返ればよい。「勿《な》かれ」で禁止を表す。

訳 自分がして欲しくないことを、他人にしてはいけない。

② 「以」は「以《もっ》て」と読み、**手段・目的・理由**を表す。

訳 君子は発言でもって人を推挙したりしない。

③ 「与」は返読文字では助詞「と」と読み、**並列**や**相手**を表す。並列は「AとBと」のように**それぞれに助詞「と」がつく**ので、書き下すときなど注意する。

訳 富と高い身分とは人が欲しがるものである。

④ 「足」は返読文字で「足《た》る」と読み、十分であることを表す。「為」はここでは「ため」と読み、**対象や目的・理由**を表す。

訳 (村の)外の人に言うほどではない。

⑤ 「所‐以」は「ゆゑん」と読み、「理由」という意味。

訳 (家の)財産を隠し持ったことが、(家を)追い出された理由であることを知らない。

漢文のツボ

【教】

読 ① をしフ・をしへ ② 〜しム

訳 ① 教える・教え ② 〜(さ)せる

➜ ①は動詞・名詞。②は使役形で重要。教＝令・使・遣・俾。使役形「しム」を見抜けずに「をしフ」と読むことのないように。

6 再読文字①

基本をチェック 解答

1 次の［　］に読みがなをひらがなで、□に送りがなをカタカナで書きなさい。

① 未［いま］ダ［ず］二 嘗《かつテ》 見レ 鬼ヲ。

5 1　2　4　3

訳 まだ幽霊を見たことがない。

② 不レ 知《ラ》二 船 之《の》 将［まさ］ニ［す］ルヲレ 沈マント。

7　6　1　2　5 3　4

訳 船が今にも沈もうとしているのがわからない。

③ 君 子 当［まさ］ニ［べ］キレ 如《クナル》レ 此《かく》ノ 也《なり》。

1　2　6 3　5　4　7

訳 君子は当然このようであるべきだ。

解説

1 **再読文字の二度めの読みの送りがなは、次に読む字から考える。**

① 「未」は「**いまダ**」「**ず**」と二度読む再読文字。「ず」の次は「。」で言い切り。**終止形**の「**ず**」が入る。活用を確認しておこう（→本冊 p.30）。

読 未《いま》だ嘗《かつ》て鬼《き》を見《み》ず。

② 「将」は「**まさニ**」「**〜ントす**」と二度読む再読文字。「す」の次に読むのは「**知ラず**」。「す」を**連体形**「**スル**」で体言とし、助詞「**ヲ**」をつけて「**知ラず**」の目的語とする。

す

未然形	連用形	終止形	連体形	已然形	命令形
せ	し	す	する	すれ	せよ

読 船《ふね》の将《まさ》に沈《しず》まんとするを知《し》らず。

③ 「当」は「**まさニ**」「**べシ**」と二度読む再読文字。次に読むのは、助動詞の「**なり**」で、**連体形**に接続する。「ベシ」の**連体形**は「**ベキ**」。助動詞「べし」の活用は左の通り。

読 君子《くんし》当《まさ》に此《かく》のごとくなるべきなり。

ベシ

未然形	連用形	終止形	連体形	已然形	命令形
ベク	ベク	ベシ	ベキ	ベケレ	○
ベカラ	ベカリ	○	ベカル	○	○

④ 「まさ」ニ応レ「べ」「シ」知「ル」二故郷ノ事ヲ一。

6|1　5　2　3　4

訳 きっと故郷のことを知っているはずだ。

実戦レベルにトライ 解答

2 次の漢文に書き下し文の読みになるように返り点をつけなさい。

① 引キテレ酒ヲ且ニレ飲マントレ之ヲ。

2　1　6|3　5　4

読 酒《さけ》を引《ひ》きて且《まさ》に之《これ》を飲《の》まんとす。

② 汝ノ遠ク来タル応ニレシ有ルレ意。

1　2　3　7|4　6　5

読 汝《なんぢ》《ナンジ》の遠《とほ》《トオ》く来《き》たる応《まさ》に意《い》有《あ》るべし。

③ 暮レニハ当ニレシ至ル二馬陵ニ一。

1　6|2　5　3　4

読 暮《く》れには当《まさ》に馬陵《ばりよう》に至《いた》るべし。

④ 未ダレル有ラ下仁ニシテ而遺ツル二其ノ親ヲ一者上也。

8|1　7　2　×　5　3　4　6　9

読 未《いま》だ仁《じん》にして其《そ》の親《おや》を遺《す》つる者《もの》有《あ》らざるなり。

---

④ 「**応**」は「**まさニ**」「**ベシ**」と二度読む再読文字。次が「。」で言い切りなので、**終止形**で「**ベシ**」と読む。

読 **応《まさ》に故郷《こきやう》《キョウ》の事《こと》を知《し》るべし。**

2 **必ず再読文字の二度めの読みに返ること。**

① 「**且**」を、返り点を無視して「**まさニ**」と読んだ後、「**之→飲→且**」と、レ点で一字ずつ返り、最後にもう一度「**且**」をサ変動詞「**す**」と読むように返り点をつける。

訳 **酒を引き寄せてこれを飲もうとした。**

② 「**応**」を「**まさニ**」と読み、「**意→有→応**」と、最後に「**応**」に返り、「**ベシ**」と読むように返り点をつける。

訳 **あなたがはるばる来たのはきっと何か思いがあるのだろう。**

③ 「**当**」の二度めの読みは助動詞の「**ベシ**」。「**馬→陵→至→当**」の順に読むように返り点をつける。

訳 **夕方にはきっと馬陵(地名)に着くだろう。**

④ 「**未**」を最初に「**いまダ**」と読む。「有らざるなり」の「**ざル**」が「未」の二度めの読み。「**仁→其→親→遺→者→有→未→也**」の順に、最後に「**也**」を「**なり**」と読む。

訳 **これまで仁徳があって親を棄てる者はあったためしがない。**

漢文のツボ

【遺】 読 ① つかハス ② やル ③ ～しム 訳 ① 行かせる・物を届ける ② 追い払う・憂さを晴らす ③ ～(さ)せる

→ ①は動詞。②は動詞。「遣(ケン)」と「遺(イ)」のちがいに注意。「遺」は「のこス」「わすル」「おくル」と読む。③は使役形。

7 再読文字②

基本をチェック 解答

1 次の［　］に読みがなをひらがなで、□に送りがなをカタカナで書きなさい。

① 仁者ハ宜［よろ］シク［べ］シレ在ル二高位ニ一。

1 2 7 3 6 4 5

訳 仁徳のある人は高い位にあるのがよい。

② 為スニハレ事ヲ須［すべか］ラク［べ］シレ慎ムレ始メヲ。

2 1 6 3 5 4

訳 事を行うには始めを慎重にする必要がある。

③ 猶［な］ホ［ごと］シ二水ノ勝ツガレ火ニ。

5 1 2 4 3

訳 ちょうど水が火に勝つのと同じだ。

解説

1 **再読文字の二度めの読みの送りがなは、次に読む字から考える。**

① 「宜」は「よろシク」「べシ」と二度読む再読文字。「べシ」の次は「。」で言い切り。**終止形**の「べシ」が入る。

読 仁者《じんしゃ》は宜《よろ》しく高位《かうゐ》《コウイ》に在《あ》るべし。

② 「須」は「すべかラク」「べシ」と二度読む再読文字。「べシ」の次は「。」で言い切り。**終止形**の「べシ」が入る。

読 事《こと》を為《な》すには須《すべか》らく始《はじ》めを慎《つつし》むべし。

③ 「猶」は「なホ」「〜ノ・ガごとシ」と二度読む再読文字。「ごとシ」の次は「。」で言い切り。**終止形**の「ごとシ」が入る。「ごとし」の活用をおさえよう。また、「ごとシ」に接続させるときには、助詞の「が」か「の」をつける点に注意する。

活用語が接続＝**連体形＋が**＋ごとし
体言が接続＝**体言＋の**＋ごとし

読 猶《な》ほ《オ》水《みづ》《ミズ》の火《ひ》に勝《か》つがごとし。

ごとシ

未然形	連用形	終止形	連体形	已然形	命令形
ごとク	ごとク	ごとシ	ごとキ	○	○

④ 子曰ハク、［なん］ゾ盍レ［ざ］ル学バト。

1 2 5・3 4

訳 先生がおっしゃる、どうして学ばないのかと。

実戦レベルにトライ 解答

2 次の漢文に書き下し文の読みになるように返り点をつけなさい。

① 過テバ則チ宜シク(シ)レ改ムレ之ヲ。

1 2 6・3 5 4

読 過《あやま》てば則《すなは》《スナワ》ち宜《よろ》しく之《これ》を改《あらた》むべし。

② 須ラク(シ)三常ニ思フ二病苦ノ時ヲ一。

7・1 2 6 3 4 5

読 須《すべか》らく常《つね》に病苦《びやうく》《ビョウ》の時《とき》を思《おも》《ウ》ふべし。

③ 猶ホ(キ)二百獣之畏ルルガレ虎ヲ也。

7・1 2 3 4 6 5 8

読 猶《な》《オ》ほ百獣《ひやくじう》《ジュウ》の虎《とら》を畏《おそ》るるがごときなり。

④ 子盍ゾ(ル)二為ニレ我ガ言ハレ之ヲ。

1 7・2 4 3 6 5

読 子盍《しなん》ぞ我《わ》が為《ため》に之《これ》を言《い》《ワ》はざる。

---

④ 「盍」は「なんゾ」「ざル」と二度読む再読文字。「なんゾ」を受けて、結びが**連体形**「ざル」となる点に注意。「**曰ハク**」以下は話したことの直接の引用なので「ト」で結ぶ。

読 子曰《しい》はく、盍《なん》ぞ学《まな》ばざると。

2 **最後に再読文字の二度目の読みに返ること。**

① 「宜」を、返り点を無視して「**よろシク**」と読んだ後、「**之→改→宜**」と、レ点で一字ずつ返り、最後にもう一度「**宜**」を「**ベシ**」と読むように返り点をつける。

訳 過ちを犯したら改めるのがよい。

② 「須」を「**すべかラク**」と読み、「**時→思→須**」と一二三点で返り、最後に「**須**」を「**ベシ**」と読むように返り点をつける。

訳 ぜひ常に病気で苦しんだ時を思う必要がある。

③ 「猶」を最初に「**なホ**」と読む。二度めの読みは助動詞の「**ごとシ**」。「**也**」の前に読む語順にする。「**なり**」に接続するので、**連体形**「**ごとキ**」に活用させる。

訳 ちょうどあらゆる獣が虎を恐れるのと同じだ。

④ 「盍」は一度めに「**なんゾ**」と読み、最後に助動詞「**ず**」の**連体形**「**ざル**」と読むように返り点をつける。疑問詞「**なんぞ**」に呼応して、文末でも**連体形で結ぶ**。

訳 あなたはどうして私のためにこのことを言わないのか。

漢文のツボ

【哉】 読 ①かな ②～や・～か 訳 ①～だなあ・～ことよ ②～か ↓ ①は詠嘆形。哉＝矣・夫・与・乎・也・耶。詠嘆形の出題頻度は低い。②は疑問・反語形。哉＝乎・邪・耶・也・与。「や」「か」の使い分けはやや複雑。本冊p.42参照。

実力テスト②

・置き字・返読文字・再読文字

書き下し文 通釈 ⇩ 本冊 p.28下段参照

解答

1 ――線Aについて、

(a) 下の書き下し文にしたがって、返り点と送りがなをつけなさい。〔6点〕

当ニシレ有ルレ災ヒ。

(b) 現代語に訳しなさい。〔6点〕

きっと災いがあるにちがいない。

2 ――線Bについて、

(a) 書き下しなさい。〔6点〕

宜《よろ》しく急《いそ》ぎ去《さ》るべし。

解説

1 (a) 書き下し文から「**当**」は**再読文字**であると判断する。「**当**」は「**まさニ**」と読み、もう一度「**べシ**」と読む必要があるので、最後に返って読むように返り点をつける。二度めの読みの「べシ」の送りがな「シ」は「**当**」の左下につける。「災《わざわ》ひ」の送りがな「**ヒ**」をうっかり現代仮名遣《づか》いの「イ」としないように注意しよう。

(b) 「**当**」は「**まさニ〜べシ**」と読み、意味は、「**当然〜すべきだ**」「**〜するにちがいない**」「**〜しなければならない**」などとなる。災いが起こるに「**ちがいない**」と推量していると読み取る。

2 (a) 「**宜**」は「**よろシク〜べシ**」と読む再読文字。最初に返り点を無視して、「**宜→急→去→宜**」と二度読むこと。二度めの「**宜《べ》シ**」は助動詞なので、ひらがなで「**べし**」と書く。

(b) 現代語に訳しなさい。〔6点〕

急いで行ったほうがよい。

3 ～～線「有」「令」「可」について、すべてひらがなで終止形（基本形）と現代語訳を答えなさい。また、これらのように必ず下から返って読む字を何というか、空欄に適当な語を答えなさい。〔5点×3／3点〕

	終止形（基本形）	現代語訳
有	あり	ある・いる
令	しむ	せる・させる
可	べし	することができる

返読 文字

4 次の空欄に適当な語を入れ、本文の内容に合致する文を完成させなさい。〔4点×2〕

桓景 は 費長房 の忠告にしたがい、家族を救った。

漢文のツボ

【使】

読 ①つかヒ・つかヒス ②つかフ ③～しム ④～しメバ

↓ ①は名詞・動詞。②は動詞。③は使役形。使＝令・教・遣・俾。④は仮定形。

訳 ①使者・使者として行く ②使う ③～（さ）せる ④もし～ならば

(b)「宜」の訳は「**～した方がよい**」「**～するのがよい**」。「去」には「**離れる・行く・移る**」という意味の他、「**除く**」「**失う**」「**以前の**」などの意味がある。

3

「有」は、「有《リ》レA」→「Aあり」のように必ず下から返って読む字。「無」も同じく下から返って読む。終止形は「ある」ではなく、「**あり**」。「無」の終止形は「ない」ではなく、「**なし**」。常に古文文法にしたがうことを忘れないようにしよう。

「**令**」は**使役**を表す字。この字も必ず下から返って、「**令レA**」で「**A（セ）しム**」と読む。使役の助動詞には「す」「さす」「しむ」があるが、**漢文では「しむ」のみを用いる。**

「**可**」は**可能・当然・許可**を表す字。これも「**可レA**」→「**A（ス）ベシ**」と下から返って読み、「**Aすることができる**」「**Aすべきだ**」「**Aするとよい**」などと訳す。

「**有（無）**」「**令**」「**可**」や「**不**《ず》」「**見**《らル》」「**如**《ごとシ》」など、必ず下から返って読む字を「**返読文字**」という。

4

「宜しく急ぎ去るべし」と忠告したのは「**費長房**」で、忠告を受けたのが「**桓景**」。赤い嚢を作って呉茱萸を入れたり、菊花酒を飲んだりするのは魔除《まよ》けのためである。九月九日は「重陽《ちょうよう》の節句」と呼ばれ、古代中国では、菊花酒を飲み、長寿を祝った。

8 否定形①

基本をチェック 解答

1 次の打消の助動詞「ず」と形容詞「なし」の活用表を完成させなさい。送りがなになる部分はカタカナで書くこと。

	未然形	連用形	終止形	連体形	已然形	命令形
ず	ず	ず	ず	○	○	○
	ざラ	ざリ	○	ざル	ざレ	ざレ
なシ	なク	なク	なシ	なキ	なケレ	○
	なカラ	なカリ	○	なカル	○	なカレ

2 次の□に送りがなをカタカナで、［　］にあてはまる読みをすべてひらがなで書きなさい。

① 不ルレ学バ者。
訳 学ばない者。
読 学ば［ざる］者。

② 無カラン二学ブ者一。
訳 学ぶ者はいないだろう。
読 学ぶ者［なから］ん。

③ 非ズンバ二君子一ニ、
訳 もし君子でないならば、
読 君子に［あらずん］ば、

解説

1 「ず」、「なシ」、「非ズ」の「ズ」の活用を覚え、否定形の基礎をマスターしよう。

漢字の読みの部分と、カタカナで送りがなにする部分の区別をしっかり覚えよう。

2 否定を表す字にどんな語が接続しているかに注目。

① 否定を表す「不《ず》」に体言の「者」が接続する。「ず」の**連体形**は「**ざル**」で、「**ル**」を送りがなにする。

② 送りがなに注意。「ン」が接続するのは未然形「**なカラ**」。「無シ」に**推量の助動詞**「ン(ム)」が接続している。

③ 訳に注意。「**もし〜ならば**」と仮定を表している。**接続助詞**「バ」に接続するのは**未然形**と**已然形**。このうち、**仮定**を表すのは「**未然形＋バ**」。「**非《あら》ズ**」の**未然形**「**非ズ**」に加音(読みぐせ)の「**ン**」、さらに「**バ**」を続けて「**非ズンバ**」となる。ただし、漢文では、「**已然形＋バ**(非ザレバ)」で仮定を表すこともある。

④ 訳では、「**〜ないので**」と確定条件で**原因・理由**を表している。原因・理由を表すのは「**已然形＋バ**」。**已然形**は「**非ザレ**」で「**非ザレバ**」となる。

④ 非《ザレ》ニ レ君《バ》 子《ニ》一、

訳 君子ではないので、

読 君子に［あらざれ］ば、

実戦レベルにトライ 解答

3 次の漢文を書き下しなさい。

① [4]不《シテ》レ [3]告《ゲ》二 [1]姓 [2]名《ヲ》一 [×]而 [5]去《ル》。

② [1]城 [3]不《ンバ》レ [2]入《ラ》、[4]臣 [5]請《フ》 [7]完《ウシテ》レ [6]璧《へきヲ》 [9]帰《ラン》レ [8]趙《ニ》。
*「趙」は国名。

③ [2]自《より》レ [1]古《いにしへ》 [3]皆 [5]有《リ》レ [4]死、[6]民 [8]無《クンバ》レ [7]信 [10]不レ [9]立《タ》。

④ [1]若《なんぢハ》 [5]非《ズ》二 [2]吾《わガ》 [3]故 [4]人《ニ》一 [6]乎《や》。

①	②	③	④
姓名《せいめい》を告《つ》げずして去《さ》る。	城《しろ》入《い》らずんば、臣請《しんこ》ふ《ウ》璧《へき》を完《まつた》《マット》うして趙《てう》《チョウ》に帰《かへ》《カエ》らん。	古《いにしへ》《イニシエ》より皆死《みなし》有《あ》り、民信《たみしん》無《な》くんば立《た》たず。	若《なんぢ》《ナンジ》は吾《わ》が故人《こじん》に非《あら》ずや。

3

① **「ず」「無し」＋「ば」→「ずんば」「無《な》くんば」。**
「不《ず》」に「シテ」が接続する場合、**連用形**「ず」を用いて「**ずして**」となる。ひらがなで書き下す。「而」は置き字。

訳 姓名を名のらずに去った。

② 「**ずんば**」は、「不《ず》」の**未然形**「ず」＋**助詞**「ば」→「ずば」の間に加音の「ん」を入れた形。否定の仮定を表す。「請ふ」は、話し手が願い出て、許可を求める表現（→本冊 p.76）。

訳 城が手に入らなければ、私は璧を完全なままで趙に持ち帰らせていただきたいと存じます。

③ 「**無くんば**」は、**未然形**「無く」＋**助詞**「ば」→「無くば」の間に加音の「ん」を入れた形。「**ないならば**」と**仮定**を表す。「無」は漢字のままで書き下す。

訳 昔から誰でもいずれは死ぬが、民に信義がなければ社会はなり立たない。

④ 文末の「**乎**」は「**や**」と読み、**疑問・反語**を表す（→本冊 p.42）。活用語では**終止形**に接続する。「**非《あら》ずや**」で否定の疑問を表し、「**～ではないのか**」などと訳す。「若《なんぢ》（＝汝・爾）」は二人称で、「あなた」「お前」などの意味。

訳 お前は私の古い知人ではないのか。

漢文のツボ

【爾】
読 ① なんぢ ② しかり ③ ～のみ
訳 ① 君・あなた・お前 ② そのとおりだ ③ ～だけだ・～だ
➡ ①は代名詞。爾＝汝・女・而・若・乃。②は動詞。爾＝然。③は限定形。爾＝耳・已・而已・而已矣。

9 否定形②

基本をチェック 解答

1 次の□に送りがなをカタカナで書き、すべて書き下しなさい。

① 勿[カレ]レ言[フ]コト。　訳 言ってはいけない。

② 不[ル]レ可[カラ]レ問[フ]者。　訳 問うてはいけない者。

③ 不[レ]バレ能[ハ]レ舞[フ]、　訳 舞うことができないので、

④ 不[リ]キレ得二騎射[スルヲ]一。　訳 馬上から射ることができなかった。

①	②	③	④
言《い》ふ《ウ》こと勿《な》かれ。	問《と》ふ《ウ》べからざる者《もの》。	舞《ま》ふ《ウ》能《あた》は《ワ》ざれば、	騎射《きしや》するを得《え》ざりき。

解説

1 活用語尾の歴史的仮名遣《づか》いにも注意しよう。

① 「〜(コト)勿《な》カレ」で禁止を表す。「コト」が接続するのは連体形。「言ふ」の連体形は「言ふ」。ハ行で活用するので、「言う」としないように注意。

② 「〜可《べ》カラず」で禁止または不可能を表す。「ベカラ」は助動詞「ベシ」の未然形で、活用語の終止形(ラ変動詞は連体形)に接続する。「問ふ」の活用もハ行。

③ 「〜(コト)能《あた》ハず」で不可能を表す。「能はず」は動詞の連体形(＋コト)に接続する。「舞ふ」の活用もハ行。「ず」に接続助詞「バ」が接続して「〜ので」と理由を表しているので、已然形「ざレバ」にする。

④ 「〜(コト)ヲ得《え》ず」で不可能を表す。動詞の連体形に接続する。「騎射す」は漢語のサ変動詞で、連体形は「騎射スル」。「不」に過去の助動詞「キ」が接続しているので、「不」は連用形となり、「ざリキ」となる。

動詞の連体形(コト)＋なカレ　禁止
動詞の終止形＋べカラず　不可能・禁止
動詞の連体形(コト)＋ヲえず　不可能

実戦レベルにトライ　解答

2 次の漢文を書き下しなさい。

① [1]過《あやま》チテハ[2]則《すなは》チ[5]勿カレ㆑[4]憚《はばか》ルコト㆑[3]改ムルニ。

② [1]此《こ》ノ[2]人[5]可クシテ㆓[3]就キテ[4]見ル㆒、[9]不ル㆑[8]可カラ㆓[6]屈シテ[7]致ス㆒[10]也。

③ [1]日ニ[2]貧ニシテ、[3]後[4]飲[5]食スラ[9]至ル㆑[8]不ルニ㆑[7]能ハ㆑[6]給スル。

④ [1]吾《われ》[2]能ク[4]料《はか》ルモ㆑[3]生ヲ、[8]不㆑[7]能ハ㆑[6]料ル㆑[5]死ヲ。

⑤ [1]元[2]帝ノ[3]後[4]宮[5]既《すで》ニ[6]多ク、[10]不㆑[9]得㆓[7]常ニハ[8]見《まみ》ユルヲ㆒。

①	②	③	④	⑤
過《あやま》ちては則《すなは》ち《スナワ》改《あらた》むるに憚《はばか》ること勿《な》かれ。	此《こ》の人《ひと》就《つ》きて見《み》るべくして、屈《くつ》して致《いた》すべからざるなり。	日《ひ》に貧《ひん》して、後《のち》飲食《いんしょく》すら給《きふ》《キュウ》する能《あた》はざる《ワ》に至《いた》る。	吾《われ》能《よ》く生《せい》を料《はか》るも、死《し》を料《はか》る能《あた》はず《ワ》。	元帝《げんてい》の後宮《こうきう》《キュウ》既《すで》に多《おほ》《オオ》く、常《つね》には見《まみ》ゆるを得《え》ず。

2 **禁止・不可能の句形に慣れよう。**

① 「**勿《な》かれ**」は**禁止**の表現。「**～してはいけない**」と訳す。「**勿**↑**憚**↑**改**」と下から返って読む。

訳 過ちを犯したら、正すことをためらってはいけない。

② 「**不**↑**可**」と下から返って「**べからざる**（なり）」と読み、ここでは**禁止**を表す。「**不《ず》**」「**可《べ》シ**」は助動詞なので、ひらがなで書き下す。

訳 この人はこちらから赴《おもむ》いて会うべき人で、服従させてこちらに呼びつけてはいけない。

③ 「**不**↑**能**」で「**能《あた》はざるに**」と読み、**不可能**を表す。「**～することができない**」と訳す。「**ざるに**」は、「**ず**」の連体形に格助詞「**に**」がついた形。

訳 日に日に貧しくなり、後には飲食物を手に入れることもできなくなるほどになった。

④ 「**不**↑**能**」で「**能《あた》はず**」と読み、**不可能**を表す。「**能**」は副詞として「**能《よ》く**」と読み、可能の意味も表す。

訳 私は生きている者を推《お》し量ることはできるが、死んでいる者を推し量ることはできない。

⑤ 「**不**↑**得**」で「**得《え》ず**」と読み、**不可能**を表す。「**常ニハ**」を含む節を否定して、部分否定（↓本冊 p.38）になっている。

訳 元帝の宮廷にはすでに多くの妃《きさき》がおり、いつも（元帝に）お目見えできるとは限らなかった。

漢文のツボ

【須】

読 ① もちフ・もちヰル　② すべかラク～べシ　訳 ① 必要とする　② ぜひ～する必要がある

↓ ①の「もちフ」はハ行上二段、「もちヰル」はワ行上一段。否定形「不㆑須」は「もちヒズ」と読み、「～する必要はない」と訳す。

10 否定形③

基本をチェック 解答

1 次の□に送りがなをカタカナで書き、すべて現代語に訳しなさい。

① 無シレ不ルハ二称賛セ一。

② 無シレ非ザル二名馬ニ一。

③ 過チテ非ズレ不ルニレ改メ。

④ 非ザルレ無キニ二疑心一也。

①	称賛しない者はいない。
②	名馬でないものはない。
③	過ちを犯してそれを改めないのではない。
④	疑う気持ちがないのではないのだ。

解説

1 **二重否定の訳し方に慣れよう。**

① 「無←不」で「ざルハ無《な》シ」とする二重否定の文。「ざル」は助動詞「ず」の連体形で、「ず」は活用語の**未然形**に接続する。「無」は文の末尾で言い切っているので、**終止形**「無シ」とする。

読 称賛《しょうさん》せざるは無《な》し。

② 「無←非」で「非《あら》ザル(ハ)無《な》シ」と読む二重否定。「非ズ」の**連体形**「非ザル」を「無シ」でさらに否定する。

読 名馬《めいば》に非《あら》ざる無《な》し。

③ 「非←不」で「ざルニ非《あら》ズ」と読む二重否定。「ざル」による否定を「ニ非ズ」でさらに否定する。

読 過《あやま》ちて改《あらた》めざるに非《あら》ず。

④ 「非←無」で「無《な》キニ非《あら》ザル」と読む二重否定。「無シ」による否定を「ニ非ズ」でさらに否定する。「非」は助動詞「なり」に接続するので、**連体形**「非ザル」とする。

読 疑心《ぎしん》無《な》きに非《あら》ざるなり。

実戦レベルにトライ 解答

2 次の漢文を書き下しなさい。

① [4]莫シレ[3]不ルモノレ[2]失ハレ[1]色ヲ。

② [1]天[2]下[5]莫キモレ[4]不ルレ[3]知ラ、[8]莫シ二[6]能ク[7]行フコト一。

③ [5]非ザルレ[4]不ルニレ[3]説よろこバ二[×]於[1]大[2]功ヲ一[6]也。

④ [1]君[2]子[5]非ズレ[4]無キニレ[3]過チ。

⑤ [1]客ノ[2]至ル、[8][3]未ダ三[4]嘗テ[7]不ンバアラ二[5]置[6]酒セ一。

①	色《いろ》を失《うしな》は《ワ》ざるもの莫《な》し。
②	天下《てんか》知《し》らざる莫《な》きも、能《よ》く行《おこな》ふ《ウ》こと莫《な》し。
③	大功《たいこう》を説《よろこ》ばざるに非《あら》ざるなり。
④	君子《くんし》過《あやま》ち無《な》きに非《あら》ず。
⑤	客《かく》の至《いた》る、未《いま》だ嘗《かつ》て置酒《ちしゅ》せずんばあらず。

2 **二重否定の書き下しに慣れよう。**

① 「**莫《な》し**」は「無シ」と同じで、「**色を失はざるもの莫《な》し**」で二重否定を表す。「〈顔色を変えない者〉はない」ということ。

訳 顔色を変えない者はいない。

② 「**知らざる莫し**」で、「〈知らない者〉はない」という意味の二重否定を表す。

訳 天下に知らない者はいないが、十分に行われていない。

③ 「**説《よろこ》ばざるに非《あら》ざる**」で、「〈よろこばない〉のではない」という意味の二重否定を表す。

訳 大きな功績を喜ばないのではないのだ。

④ 「**無きに非ず**」で、「〈ない〉のではない」という意味の二重否定を表す。

訳 君子に過ちがないわけではない。

⑤ 「**未**」は再読文字(→本冊 p.24)。二度めの読み「**ず**」で「〈**置酒せずんばあら**〉**ず**」と二重否定になる形。「**不**」を「**ずンバアラ**」と読むことに注意。

訳 客がやって来ると、今までに酒を出さなかったことは一度もない。

漢文のツボ

【**従**】

読 ① したがフ ② ～より ③ よりテ 訳 ① つき従う・従える ② ～から ③ それによって

↓ ①は動詞。②は前置詞。従＝自・由。③は副詞。「従」には「ほしいままニス」と読み、「放任する」と訳す用法もある。

11 否定形④

基本をチェック 解答

1 次の□に送りがなをカタカナで書き、すべて現代語に訳しなさい。

① 急病ナレバ不レ可[カラ]レ不[ル]レ帰[ラ]。

② 不レ得レ不[ルヲ]レ省《かへり》ミ二我ガ身ヲ一。

③ 皆不[ラ]ンレ能[ハ]レ不[ル]レ笑[ハ]。

④ 不三敢[ヘテ]不二[ンバアラ]忠告一[セ]。

①	②	③	④
急病なので帰らなければならない。	自分の身を反省しないではいられない。	皆笑わないではいられないだろう。	忠告しないではいられない。

解説

1 **不可能表現を用いる二重否定をより自然に訳そう。**

① 「不↑可↑不」で「ざルべカラず」と読み、直訳は「〈帰らない〉ことはできない」となる二重否定。「帰らなければならない」などと訳す。

読 急《きふ》《キュウ》病《びやう》《ビョウ》なれば帰《かへ》《カエ》らざるべからず。

② 「不↑得↑不」で「ざルヲ得《え》ず」と読み、直訳は「〈省みない〉ことはできない」となる二重否定。「反省しないではいられない」などと訳す。

読 我《わ》が身《み》を省《かへり》《カエリ》みざる得《え》ず。

③ 「不↑能↑不」で「ざル能《あた》ハず」と読み、訳は「笑わないではいられない」などとなる二重否定。後に読む「不」の送りがなに**推量の助動詞**「ン(ム)」があるので、「ざラ」と未然形にし、「～だろう」などと訳す。

読 皆《みな》笑《わら》《ワ》はざる能《あた》《ワ》はざらん。

④ 「敢《あ》ヘテ～ずンバアラず」で、「～しないではいられない」などと訳す。「ず」が接続するので「忠告セ(ず)」と未然形にする。

読 敢《あ》《エ》へて忠告《ちうこく》《チュウ》せずんばあらず。

実戦レベルにトライ　解答

2 次の漢文を書き下しなさい。

① 1父 2母 3之ノ 4年ハ 8不ル㆑ 7可カラ㆑ 6不ル㆑ 5知ラ 9也。

② 1而シテ《しか》 2怨ミハ 3則チ 7不㆑ 6可カラ㆑ 5不ル㆑ 4忘レ。

③ 6不㆑ 5得㆑ 4不ルヲ㆓ 2以テ㆑ 1死ヲ 3争ハ㆒。

④ 1而シテ《しかう》 3利スル㆑ 2物ヲ 4者は 5又 9不㆑ 8能ハ㆑ 7不ル㆑ 6争ハ。

⑤ 1趙 2王 3恐レ、 7不㆓ 4敢ヘテ 6不ンバアラ㆑ 5献ゼ。

①	②	③	④	⑤
父《ふ》母《ぼ》の年《とし》は知《し》らざるべからざるなり。	而《しか》して怨《うら》みは則《すなは》《スナワ》ち忘《わす》れざるべからず。	死《し》を以《もつ》て争《あらそ》は《ワ》ざるを得《え》ず。	而《しかう》《シコウ》して物《もの》を利《り》するは又《また》争《あらそ》は《ワ》ざる能《あた》は《ワ》ず。	趙王《てうわう》《チョウオウ》恐《おそ》れ、敢《あ》へ《エ》て献《けん》ぜずんばあらず。

2 **二重否定の語順、文の構成をマスターしよう。**

① 「**不↑可↑不↑知**」と、下から順に返って、「**知らざるべからざる**」と読む。「**なり**」が接続するので後の「**不**」は**連体形**「**ざル**」となる。

訳 父母の年齢は知っていなければならない。

② 「**不↑可↑不↑忘**」と、下から順に返って、「**忘れざるべからず**」と読む。「忘れない」ことを禁止した表現で「**忘れなければならない**」などと訳す。

訳 しかしながら、怨みはやがて忘れなければならない。

③ 「**不↑得↑不↑争**」と下から順に返って、「**争はざるを得《え》ず**」と読む。最初の「**不**」は、送りがなで助詞「**ヲ**」をつけるので、**連体形**「**ざル**」にする。「**得ず**」は漢字のままで書き下す。

訳 死ぬ覚悟でいさめなければならない。

④ 「**不↑能↑不↑争**」と下から順に返って、「**争はざる能《あた》はず**」と読む。③と同じく、「争わない」ことが「できない」とする二重否定。

訳 そうして役立つものは、また、争いを生じさせないわけにはいかない。

⑤ 「**敢《あ》へて〜ずんばあらず**」という文の形に注意。「献じない」では「いられない」という表現。

訳 趙王は恐れ、献上しないわけにはいかない。

漢文のツボ

【且】

読 ① かツ　② しばらク　③ まさニ〜ントす　訳 ① その上・また　② しばらく・ひとまず・かりに　③ 今にも〜しそうだ・今にも〜しようとする

➡ ①は接続詞。抑揚形でも「かつ」が用いられる。②は副詞。③は再読文字。

12 否定形⑤

基本をチェック 解答

1 次の□に送りがなをカタカナで書き、すべて現代語に訳しなさい。

① 不二常［ニハ］教［ヘ］一。　② 常［ニ］不レ教［ヘ］。

③ 不［ラ］ン二倶［ニハ］生キ一。　④ 倶［ニ］不［ラ］ンレ生キ。

⑤ 不二復［タ］来《きた》［ラ］一。　⑥ 復［タ］不レ来［ラ］。

①	②	③	④	⑤	⑥
いつも教えるとは限らない。	いつも教えない。	両方は生きないだろう。	両方とも生きないだろう。	二度と来ない。	今度も来ない。

※⑤は「決して来ない。」も可。

解説

1 **部分否定と全部否定をきちんと区別しよう。**

①・②「**常**」は「**いつも**」という意味。これに否定の「**不**」がついて、「**いつも〜するとは限らない**（＝ときどき〜する・〜することもある）」という意味を表すのが**部分否定**。否定の「**不**」を「**常**」が修飾して「**いつも〜しない**」という意味を表すのが**全部否定**。

読 ① 常《つね》には教《おし》へ《エ》ず。　② 常《つね》に教《おし》へ《エ》ず。

③・④「**倶**」は「**両方**」「**いっしょに**」という意味。これを否定して「**両方は・いっしょには〜しない**（＝どちらかは〜しない）」という意味を表すのが**部分否定**。否定を「**倶**」が修飾して「**両方とも・いっしょに〜しない**（＝どちらも〜しない）」という意味を表すのが**全部否定**。

読 ③ 倶《とも》には生《い》きざらん。　④ 倶《とも》に生《い》きざらん。

⑤・⑥「**復**」は「**まタ**」と読む。これを否定して「**二度としない**」「**決してしない**」という意味になるのが**部分否定**。「**またしない**」「**今度もしない**」「**いつもしない**」という意味になるのが**全部否定**。書き下すと同じ文になるので、語順から判断する。

読 ⑤ 復《ま》た来《きた》らず。　⑥ 復《ま》た来《きた》らず。

実戦レベルにトライ 解答

2 次の漢文を書き下し、部分否定か全部否定か、適当なほうに○をつけなさい。

① [1]常ニ[5]不レ[4]失ハ二[×]於[2]君[3]子タルヲ一。

② [2]有ル[1]言[3]者ハ、[7]不二[4]必ズシモ[6]有ラ一レ[5]徳。

③ [1]兎《うさぎ》[5]不レ[4]可カラ二[2]復タ[3]得一。

④ [1]倶ニ[5]不レ[4]得二[2]其ノ[3]死ヲ一[×]然。

⑤ [1]好ミテ[3]読メドモレ[2]書ヲ、[7]不レ[6]求メ二[4]甚ダシクハ[5]解スルヲ一。

＊「然」は読まない。

①	常《つね》に君子《くんし》たるを失《うしな》は《ワ》ず。	（　）部分否定　（○）全部否定
②	言《げん》有《あ》る者《もの》は、必《かなら》ずしも徳《とく》有《あ》らず。	（○）部分否定　（　）全部否定
③	兎《うさぎ》復《ま》た得《う》べからず。	（○）部分否定　（　）全部否定
④	倶《とも》に其《そ》の死《し》を得《え》ず。	（　）部分否定　（○）全部否定
⑤	好《この》みて書《しょ》を読《よ》めども、甚《はなは》だしくは解《かい》するを求《もと》めず。	（○）部分否定　（　）全部否定

2 **部分否定と全部否定の区別には「送りがな」にも注目。**

① 「**常に**」が「**失はず**」を修飾していて、「常に失わない」となり、**全部否定**となる。部分否定の場合、送りがなは「**常ニハ**」となる。

訳 いつも君子として振る舞うことを忘れない。

② 送りがな「**必ずしも**」に注意。**部分否定**の場合に現れる送りがなで、「**必**」を否定して「**必ずしも〜するとは限らない**」という意味になる。

訳 言うことがりっぱな人は、必ずしも徳が備わっているとは限らない。

③ 「**復《ま》た〜ず**」で「再び」「また」を否定する**部分否定**の形。「**二度と〜しない**」という強い否定を表す。部分否定でも「**復タハ**」とはならない。

訳 ウサギは二度と手に入らなかった。

④ 「**倶 不**」で**全部否定**の形。部分否定であれば、送りがなは「**倶ニハ**」となる。「**両方(二人)とも〜しない**」という意味を表している。

訳 二人とも普通の死に方ができなかった。

⑤ 「**甚《はなは》だしくは〜ず**」という形で、程度がひどくないことを表す**部分否定**。「**ひどくは〜しない**」「**それほど〜しない**」という意味を表す。

訳 好んで書物を読むが、それほどくわしく理解することは求めない。

漢文のツボ 【如】

読 ① ごとシ　② しク　③ ゆク　④ もシ　訳 ① 〜のようだ・〜のようなものだ　② 及ぶ　③ 行く　④ もし〜ならば

➡ ①は比況形に用いられる。②は動詞。否定形「如かず」、反語形「如かんや」の形で用いられる。③は動詞。④は仮定形。如＝若。

実力テスト③

・否定形

書き下し文 通釈 ⇩本冊 p.40下段参照

解答

❶ ——線Aについて、

(a) 書き下しなさい。「畢 備」は、言い切りでは「畢《ことごと》く備《そな》ふ」と読む。〔10点〕

畢《ことごと》く備《そな》へ《エ》ざる無《な》し。

(b) 現代語訳として適当なものを選び、記号で答えなさい。〔7点〕

① きれいに整えられていた。
② 完全には整っていなかった。
③ みんな備わっていたわけではなかった。
④ みんな備わっていない物はなかった。

④

❷ ——線Bの読み方として適当なものを選び、記号で答えなさい。〔7点〕

① れいいでたり。 ② れいいだす。
③ れいをしていでしむ。 ④ いでしむ。
⑤ いだされしむ。

④

解説

❶ (a) 二重否定形「**〜ざる無し**」の「**ざる**」は打消の助動詞だから、**未然形**に接続する。「備ふ」は**ハ行下二段動詞**で、その未然形は「**備へ**」。「**畢く備へざる無し**」となる。「**ざる**」は日本語の助動詞にあたるからひらがなで書く。「**無し**」は助動詞ではないから漢字仮名交じりで書く。

(b) 「畢く備ふ」は「**みんな備わっている**」という意味。それに二重否定「〜しないものはない」がかかっているから、④「**備わっていない物はない**」となり、結局、意味は変わらない。

❷ 「**令**」は使役形で、「**しむ**」と読み、**未然形**に接続する。「**出**」は**下二段動詞**で「**いづ**」と読み、その未然形は「**いで**」。「令$_{レ}$出」で④「**いでしむ**」と読む。——線Bには**レ点**があるから、その読み順は「**出→令**」となる。①・②はこの読み順に合致しない。③は「令」を「れい」「しむ」と二度読んでいるから誤り。⑤は「され」と受身に読んでいるが、——線部に受身形は含まれていない。

3 ――線Cの書き下し文として適当なものを選び、記号で答えなさい。〔7点〕

① 客羞《は》づること多く厠に如《ゆ》く能はず。
② 客多く厠に如《ゆ》く能はざるを羞づ。
③ 客多く厠の如《し》く能はざるを羞づ。
④ 客厠の如《し》かざるを羞づること多し。
⑤ 客多く不能を羞ぢて厠に如《ゆ》く。

①

4 [ア][イ]に入る語として適当なものを選び、記号で答えなさい。〔7点〕

① 新衣　② 故衣　③ 麗服　④ 平服

ア	イ
②	①

5 ――線Dについて、「群婢」がこのように言い合ったのは、どのような理由からか、答えなさい。〔12点〕

王大将軍の傲慢な態度から、群婢たちは王大将軍が反乱を起こすほどの危険性を感じ取ったから。

---

3 ――線部を書き下し文にしたり、現代語訳したりする問題では、――線部を**二つに区切って読めないか考える**ことが、正解へのヒントになることが多い。――線Cは文脈、または通釈から「**客多羞**」と「**不能如厠**」との部分に分けて読める。これに合致する書き下し文は、「客羞づること多く」「厠に如《ゆ》く能はず」と分かれる①だ。

4 便所には召使いの女性たちが控えていたため、客は恥ずかしくて便所に行きづらく、新しい服に着替えることなどなおさらできなかった。ところが、豪胆な王大将軍は、着ていた**古い服**（「**故衣**」）を脱いで、**新しい服**（「**新衣**」）に着替えて、平然としていたのである。

5 他の客たちは召使いの女性たちの前で恥じらって便所に行けなかったのに、王大将軍は平然と行った。王大将軍のそのような豪胆さに、女性たちは危険性を直感したのである。

漢文のツボ【将】

読 ① ひき井ル　② まさ二～ントす　③ もっテ　④ はタ

訳 ① 率いる・従える　② 今にも～しそうだ・今にも～しようとする　③ 用いて・～で　④ いったい・それとも

→ ①は動詞。②は再読文字。将＝且。③は前置詞。④は前置詞。

13 疑問・反語形①

基本をチェック　解答

1 次の［　］に読みがなをひらがなで、□に送りがなをカタカナで書きなさい。

① 君子モ亦《ま》タ有ルレ窮スルコト［か］乎。

訳 君子でも困窮することがあるか。

② 愛シテレ之ヲ能ク勿カ[ラ][ン]レ労スルコト［や］也。

訳 人を愛して（その人を）励まさずにいられるだろうか。いや、励まさずにはいられない。

③ 吾何［なん］[ゾ]愛《を》[シ][マ][ン]二一牛ヲ一。

訳 私がどうして一頭の牛を惜しむだろうか。いや、惜しまない。

④ 何［なん］[ゾ]富貴トナ[ラ][ン]［や］也。

訳 どうして金持ちになるだろうか。いや、なるはずがない。

解説

1 **疑問か反語かを見分けて、文末の形に注目しよう。**

① 訳から**疑問**と判断し、文末を「**連体形＋か**」で「**有ルか**」と読む。「**有ル**」は**連体形**で、終止形は「**有リ**」。終止形に接続する場合は「**有リや**」と読む。

読 君子《くんし》も亦《ま》た窮《きゅう》《キュウ》すること有《あ》るか。

② 訳から**反語**と判断し、文末を「**未然形＋ン＋や**」で「**勿《な》カランや**」と読む。「**なシ**」の未然形は「**なカラ**」。

読 之《これ》を愛《あい》して能《よ》く労《らう》《ロウ》すること勿《な》からんや。

③ これも**反語**。疑問詞「**なんゾ**」のみで、文末の助字は用いない形。文末を「**未然形＋ン**」で「**愛《を》シマン**」と読む。

読 吾《われ》何《なん》ぞ一牛《いちぎう》《ギュウ》を愛《を》《オ》しまん。

④ これも**反語**。疑問詞「**なんゾ**」と文末の助字を用いる形。文末を「**未然形＋ン＋や**」で「**ナランや**」と読む。

読 何《なん》ぞ富貴《ふうき》とならんや。

2 **文末の助字の読みが「か」か「や」かに注意。**

① 文末の助字「**与**」の読みに注意。「**与**」がついているのは「**孔丘**」で**名詞**。したがって「**与**」の読みは「**か**」で、**疑問**を

実戦レベルにトライ 解答

2 次の漢文を書き下しなさい。

① 1是《これ》 2魯《ろ》ノ 3孔《こう》 4丘《きう》 5与。

② 1汝 2曷ゾ 5弗ルレ 4告ゲレ 3朕《ちん》ニ。

③ 1夫 2子 3何ゾ 5哂《わら》フレ 4由《いう》ヲ 6也。

＊「魯」は国名。「孔丘」は人名。孔子のこと。

＊「朕」は君主の一人称。

＊「夫子」は「先生」の意味。「由」は人名。

①	②	③
是《これ》魯《ろ》の孔丘《こうきう》《キュウ》か。	汝曷《なんぢなん》《ナンジ》ぞ朕《ちん》に告《つ》げざる。	夫子《ふうし》何《なん》ぞ由《いう》《ユウ》を哂《わら》ふ《ウ》や。

3 次の漢文を〈　〉内の意味で現代語に訳しなさい。

① 1何ゾ 2前ニハ 3倨《おご》リテ ×而 4後ニハ 5恭《うやうや》シキ 6也。〈疑問〉

② 1何 2遽ゾ 5不ランレ 4為《な》ラレ 3福ト 6乎。〈反語〉

①	②
どうして前にはいばっていたのに後になって礼儀正しくなるのか。	どうして福とならないだろうか。いや、福となる。

表すと判断する。「**是**」は英語のbe動詞に似た働きをしており、「**〜だ**」「**〜である**」という意味を表し、「これ」と訳出する必要はない。

訳 魯の孔丘であるか。

② 「**曷**」は「**何**」の同義字で「**曷《なん》ぞ**」と読む。「**弗《ず》**」は「**不**」の同義字で、助動詞なのでひらがなで書き下す。疑問詞「**なんぞ**」に呼応して、文末は**連体形**「**ざる**」と読むことに注意。

訳 お前はどうして私に報告しないのか。

③ 「**也**」の読みは「**や**」。疑問詞「**何ぞ**」と、文末の「**連体形**（**わらふ**）**＋や**」で疑問を表す形。疑問詞とともに用いる場合、疑問の助字は必ず「**や**」と読む。

訳 先生はどうして由を笑うのですか。

3

疑問と反語を訳し分けよう。

① 「**何《なん》ぞ**」と「**連体形**（**恭《うやうや》しき**）**＋や**」で**疑問**を表す。「**而**」は置き字。「おごる」「うやうやしい」など、意味がわからなかったら、辞書で調べて語彙を増やしていこう。

読 何《なん》ぞ前《まへ》《マエ》には倨《おご》りて後《のち》には恭《うやうや》しきや。

② 「**何遽**」は「**なんゾ**」と読む。「**何遽《なん》ぞ**」と「**未然形**（**ざら**）**＋ん＋や**」で**反語**を表す。文末は、疑問で訳すなら「ならないか」でよいが、反語で訳す場合は「**ならないだろうか**」のように「**〜だろうか**」や「**〜（よ）うか**」とする。

読 何遽《なん》ぞ福《ふく》と為《な》らざらんや。

漢文のツボ

【即】

読 ① すなはチ ② もシ ③ たとヒ

訳 ① a すぐに b つまり・とりもなおさず ② 〜ならば ③ たとえ〜ても

↓ ①aは副詞。即時を表す。bは接続詞。無理に訳さなくてもよい。②は仮定を表す。③は接続詞。逆接仮定を表す。

14 疑問・反語形②

基本をチェック 解答

1 次の［　］に読みがなをひらがなで、□に送りがなをカタカナで書きなさい。

① 安［いづ］［クンゾ］有ラ［ン］レ不［ざ］［ル］コト可《か》ナラ哉［や］。

訳 どうしてやってできないことがあるだろうか。いや、やってできないことなどない。

② 夫《ふう》子《し》安［いづ］［クニカ］不［ざ］［ラン］レ学バ。

訳 先生はどこで学ばなかっただろうか。いや、どこででも学んだ。

③ 何［なん］為［す］［レゾ］其レ莫カランレ知ルコトレ子《し》ヲ也［や］。

訳 どうして先生が理解されないでしょうか。いや、必ず理解されます。

④ 籍何［なに］［ヲ］以［もつ］［テカ］至ランレ此《ここ》ニ。

訳 籍（人名）がどうしてこのようになるだろうか。いや、ならない。

実戦レベルにトライ 解答

解説

1 **疑問詞の読みと意味を覚えよう。**

① 訳から**理由**を問う疑問詞を用いた**反語**の表現と判断する。「**安**」は「**いづクンゾ**」と読み、反語なので、文末の助字「**哉**」は「**や**」と読み、「**有ランや**」となる。

読 安《いづ》《イズ》くんぞ可《か》ならざること有《あ》らんや。

② 「どこで」という訳から「**安**」は「**いづクニカ**」と読み、**場所**を問う疑問詞と判断する。**反語**なので、文末を「**ざラン**」と「**未然形＋ン**」にする。

読 夫《ふう》子《し》安《いづ》《イズ》くにか学《まな》ばざらん。

③ 「**何為**」は「**なんすレゾ**」と読み、**理由**を問う疑問詞。「其」は反語であることを示す字。**反語**なので、文末の助字「**也**」は「**や**」と読み、「**莫**《な》**カランや**」となる。

読 何為《なんす》れぞ其《そ》れ子《し》を知《し》ること莫《な》からんや。

④ 「**何以**」は「**なにヲもつテカ**」と読み、**理由**を問う疑問詞。**反語**なので文末は「**至ラン**」となる。

読 籍《せき》何《なに》を以《もつ》てかここに至《いた》らん。

2 **疑問詞を用いた文では、文末の助字の読みは「や」。**

① 「**寧**」は「**安（クンゾ）**」の同義字。「**有**」の送りがなが「**未**

2 次の漢文を書き下しなさい。

① [1]王[2]侯[3]将[4]相、[5]寧クンゾ[7]有ランレ[6]種[8]乎。

② [1]何[2]為レゾ[4]不ルレ[3]去ラ[5]也。

③ [1]其レ[2]何ヲ[3]以テカ[5]行《や》ランレ[4]之ヲ[6]哉。

①	②	③
王《わう》侯《こう》将《しやう》相《しやう》《オウコウショウショウ》、寧《いづ》《イズ》くんぞ種《しゆ》有《あ》らんや。	何《なん》為《す》れぞ去《さ》らざるや。	其《そ》れ何《なに》を以《もつ》てか之《これ》を行《や》らんや。

3 次の漢文を〈　〉内の意味で現代語に訳しなさい。

① [1]爾《なんぢ》[2]安クンゾ[3]敢ヘテ[6]軽《かろ》ンズルヤ二[4]吾ガ[5]射ヲ一。〈疑問〉

② [1]奚[2]為レゾ[6]不ルレ[5]見《み》二[3]孟《まう》[4]軻《か》ヲ一[7]也。〈疑問〉

＊「孟軻」は人名。孟子のこと。

③ [1]何ヲ[2]以テカ[5]知ル二[3]其ノ[4]然《しか》ルヲ一[6]邪。〈疑問〉

①	②	③
あなたはどうして私が弓を射るのを馬鹿にするのか。	どうしてあなたは孟軻に会わないのか。	どうやってそれがその通りだと知るのか。

然形（「**有ら**」）**＋ん**」となっていることから、文末の助字「**乎**」は「**や**」と読み、**反語形**と判断しよう。

訳 君主や将軍となると決まった家柄があるだろうか。いや、そんな家柄などない。

② **連体形**（「**ざる**」）についている助字「**也**」は「**や**」と読み、疑問詞と「**連体形＋や**」で**疑問形**を構成する。

訳 どうしてここを去らないのか。

③ 「**行らん**」と**反語形**の文末になっており、これについている「**哉**」は「**や**」と読む。

訳 いったいどうやってそれを進めるのだろうか。いや、進めようがない。

3 **疑問形の訳し方をマスターしよう。**

① 「**軽ンズルヤ**」は「**連体形＋や**」で**疑問形**。疑問詞「**安くんぞ**」は「**どうして**」と訳す。

読 爾安《なんぢいづ》《ナンジイズ》くんぞ敢《あ》《エ》へて吾《わ》が射《しや》を軽《かろ》んずるや。

② 「**奚為**」は「**何為**」の同義字。疑問詞と「**連体形＋や**」で疑問を表す。

読 奚為《なんす》れぞ孟軻《まうか》《モウ》を見《み》ざるや。

③ 「**何以**」は**理由**の他、**手段**を問う疑問詞で「**どうやって**」と訳した方が適切な場合がある。

読 何《なに》を以《もつ》てか其《そ》の然《しか》るを知《し》るや。

漢文のツボ

【則】 読 すなはチ　訳 a ～ならば・～すればその時には　b ～は・～については　➡ aは接続詞。仮定を表す。「即」に通じる。「如（若）～、則～」の形で仮定を表すことが多い。「もシ～、すなはチ～」と読む。bは副詞。強調を表す。

15 疑問・反語形③

基本をチェック 解答

1 次の［　］に読みがなをひらがなで、□に送りがなをカタカナで書きなさい。

① 誰［たれ］カ知ランヤ二烏《からす》之雌雄ヲ一。

訳 誰がカラスの雌《めす》と雄《おす》を区別できるだろうか。いや、誰も区別できない。

② 君又何［なに］ヲカ掌《つかさど》レル。

訳 あなたはまた何を務めとしているのか。

③ 古来征戦幾［いく］カ人回《かへ》ル。

訳 昔から戦争におもむいて、何人帰ってきただろうか。いや、帰ってきた人などない。

④ 為スコトレ歓《よろこ》ビヲ幾［いくばく］ゾ何。

訳 （人生で）歓楽を味わうことはどれほどだろうか。いや、どれほどでもない。

解説

1

① **疑問詞の読みと意味を覚えよう。**

訳から**反語**と判断して、文末を「**知ランヤ**」とする。「**誰**」の読みは「**たれ**」なので注意。

読 誰《たれ》か烏《からす》の雌雄《しゆう》を知《し》らんや。

② **目的語**を問う**疑問形**で疑問詞「**何**」に「**ヲカ**」を送る。これに呼応して文末の完了の助動詞「**り**」が**連体形**「**る**」になっている。

読 君又何《きみまたなに》をか掌《つかさど》れる。

③ 疑問詞を構成する「**幾**」に「**人**」がついて「**いくにん**」と読み、**人数**を問う疑問詞となる。漢詩の一節で、例外的に文末が**連体形**（「**回ル**」）でも反語の表現と解釈する。

読 古来征戦幾人《こらいせいせんいくにん》か回《かへ》る。

④ 「**幾何**」は「**いくばく**」と読み、**数量**や**程度**を問う疑問詞。断定・強意の助詞「**ゾ**」を送り、反語で用いる。

読 歓《よろこ》びを為《な》すこと幾何《いくばく》ぞ。

実戦レベルにトライ 解答

2

次の漢文を書き下しなさい。

① [1]弟 [2]子 [3]孰《カ》 [6]為《ス》レ [5]好《ムト》レ [4]学《ヲ》。

② [1]大 [2]王 [3]来《タルトキ》、 [4]何《ヲカ》 [5]操《とル》。

③ [1]青 [2]天 [4]有《リテヨリ》レ [3]月 [5]来《このかた》 [6]幾 [7]時《ゾ》。

①	②	③
弟《てい》子《し》孰《たれ》か学《がく》を好《この》むと為《な》す。	大《だい》王《わう》《オウ》来《き》たるとき、何《なに》をか操《と》る。	青《せい》天《てん》月《つき》有《あ》りてより来《このかた》　幾《いく》時《とき》ぞ。

3

次の漢文を〈　〉内の意味で現代語に訳しなさい。

① [4]楽《シミテ》二 [1]夫《かノ》 [2]天 [3]命《ヲ》一 [5]復《タ》 [6]奚《ヲカ》 [7]疑《ハン》。〈反語〉

② [1]相 [2]去《ルコト》 [3]復《タ》 [4]幾 [5]許《ゾ》。〈疑問〉

①	②
天が与えてくれた命を楽しめば、また何を疑うことがあるだろうか。いや、疑うことなどない。	お互いに離れているのはまたどれほどか。

2

「孰」の読みは「たれカ」か「いづレカ」。

① 「孰」に「カ」が送られており、ここでの読みは「孰《たれ》か」。「誰」と同じく「だれ」としないように注意。

訳 弟子で誰がもっとも学問を好むと思うか。

② 「何」に「ヲカ」を送り、「何をか」と読む。「操ル」は、ここでは「携える」「持ってくる」の意味。

訳 大王は来たときに、何を持ってきたか。

③ 「幾」に「時」がついた「幾時」で**時間の経過**を問う疑問詞「いくとき」と読む。「来」は「以来」「年来」などと同じく、「～から」「それから」の意味。

訳 月が大空に現れてからどのくらい時間がたっただろうか。

3

疑問詞の同義字に注意しよう。

① 「奚」は「何」の同義字で「なにヲカ」と読む。「疑」の送りがなが「**未然形＋ン**」となっており、**反語**で解釈するのが適当。

読 夫《か》の天命《てんめい》を楽《たの》しみて復《ま》た奚《なに》をか疑《うたが》はん《ワ》。

② 「幾許」は「幾何」と同義字で「いくばく」と読み、**数量や程度**を問う疑問詞。「どれほど」「どれくらい」などと訳す。

読 相《あひ》《アイ》去《さ》ること復《ま》た幾許《いくばく》ぞ。

漢文のツボ

【乃】

読 ① すなはチ ② なんぢ　訳 ①a そこで b かえって・なんと・意外にも ② あなた

→ ①は副詞。aはある条件が整ってはじめて出現したことを表す。bは意外な気持ちや、内容が転じることを表す。②は代名詞。

16 疑問・反語形④

基本をチェック 解答

1 次の［　］に読みがなをひらがなで、□に送りがなをカタカナで書きなさい。

① 奈何［いかん］ゾ無レ父クシテ而生［マ］［レ］［ン］乎［や］。
訳 どうして父親が無くて子が生まれるだろうか。いや、生まれるはずがない。

② 如二此ノ良夜一ヲ［いかん］何［セ］［ン］。
訳 この気持ちのよい夜をどうしたらよいか。

③ 汝ト与《と》レ回、孰［いづ］［レ］［カ］愈《まさ》レル。
訳 お前と回（人名）とではどちらが優れているか。

④ 長安ハ［いかん］何二如一日ノ遠キニ一。
訳 長安は太陽が遠くにあるのと比べてどのようか。

⑤ 与二長者一期シテ後《おく》ルルハ［なん］何［ゾ］［や］也。
訳 年長者と待ち合わせて遅れるとはどういうことか。

解説

1 「如何」「如レA何」の読みに注意。

① 「奈何」は「如何」の同義字で「いかんゾ」と読み、「どうして」「どうしたらよいか」などと訳す。文末は、**反語**の表現となるように、「生マレンや」とする。
読 奈何《いかん》ぞ父《ちち》無《な》くして生《う》まれんや。

② 「Aヲいかん」のように目的語をとる場合、「如」「何」の間に挟み、「A」を読んだら「如」に返る。「いかんセン」で「どうしたらよいか」の意味。
読 この良《りやう》《リョウ》夜《や》を如何《いかん》せん。

③ 「孰」は、「たれカ」と読む（↓本冊 p.46）ほか、「何」の同義字で「いづレカ」とも読む。「どちらが」の意味。
読 汝《なんぢ》《ナンジ》と回《くわい》《カイ》と孰《いづ》《イズ》れか愈《まさ》れる。

④ 「何如」は「いかん」と読み、「どのようか」「どうか」と**状態や相手の評価**を問う疑問詞。「何」「如」の間に別の字が挟まることはない。「長安と太陽とどちらが遠いか」という意味。
読 長《ちやう》《チョウ》安《あん》は日《ひ》の遠《とほ》《トオ》きに何如《いかん》。

⑤ 「何也」は「なんゾや」と読み、「どうしてか」と理由を問う**疑問形**。「何ゾ〜や」を倒置して「〜ハ何ゾや」とし、強

実戦レベルにトライ 解答

2 次の漢文を現代語に訳しなさい。

① [5]不ンバレ[4]能ハレ[3]正シクスルコト二[1]其ノ[2]身ヲ一、[8]如レ[7]正シクスルヲレ[6]人ヲ[9]何セン。

② [1]創[2]業ト[3]守[4]成ト[5]孰レカ[6]難キ。

③ [1]今[2]日[3]之[4]事[5]何[6]如。

④ [5][1]未ダ二[2]嘗テ[4]見レ[3]泣クヲ。[6]今[7]泣クハ[8]何ゾ[9]也。

①	②	③	④
自分の身を正すことができなければ、他人をどう正せばよいだろうか。いや、正しようがない。	国をつくるのと守り安定させるのとどちらが難しいか。	今日あった事をどう思うか。	今まで一度も泣くのを見たことがない。今泣くのはどうしてか。

い疑念があることを表す。

読 長者《ちやうじや》《チョウ》と期《き》して後《おく》るるは何《なん》ぞや。

2 **疑問と反語を訳し分けよう。**

① 「**如何**」の間に「**正**レ**人**」が挟まっている形。「**如何セン**」で**反語**の表現になる。「**能**」は「**あたフ**」と読み、「**〜できる**」という意味。「**能ハずンバ**」で「**〜できなければ**」の意味となる。

読 其《そ》の身《み》を正《ただ》しくすること能《あた》はずんば《ワ》、人《ひと》を正《ただ》しくするを如何《いかん》せん。

② 「〜ト〜ト」を受け、「**孰**」は「**いづレカ**」と読み、「**どちらが**」の意味。

読 創業《さうげふ》《ソウギョウ》と守成《しゆせい》と孰《いづ》《イズ》れか難《かた》き。

③ 「**何如**」は「**いかん**」と読み、**状態**や**評価**を問う疑問詞。「**之**」は「**の**」と読み、ひらがなで書き下す。

読 今日《けふ》《キョウ》の事《こと》何如《いかん》。

④ 「**何也**」は「**なんゾや**」と読み、**理由**を問う疑問詞。「**未**」は再読文字で、二回目の読みは、否定を表す「**ず**」。「**未ダ嘗テ〜ず**」で「**今まで一度も〜したことがない**」の意味。

読 未《いま》だ嘗《かつ》て泣《な》くを見《み》ず。今泣《いまな》くは何《なん》ぞや。

漢文のツボ

【便】

読 ① すなはチ　訳 ① a たやすく・〜するともう　b すぐに・ただちに

→ ① a は前の行為に密着して次の行為が出現することを表す。b は事態がただちに出現することを表す。

17 疑問・反語形⑤

基本をチェック 解答

1 次の［　］に読みがなをひらがなで、□に送りがなをカタカナで書きなさい。

① 豈［ あ ］ニ遠《とほ》シトセン二千里ヲ一哉［ や ］。

訳 どうして千里の道のりを遠いと思うだろうか。いや、思わない。

② 独［ ひと ］リ不ランレ愧《は》ヂ二於心ニ一乎［ や ］。

訳 どうして心の中で恥じ入らずにいられるだろうか。いや、恥じ入らずにはいられない。

③ 役夫敢［ あ ］ヘテ伸ベンヤレ恨ミヲ。

訳 徴発された者が恨みを述べることができようか。いや、述べることはできない。

④ 不［ ず ］二亦［ ま ］タ説《よろこ》バシカラ一乎［ や ］。

訳 なんと喜ばしいことではないか。

解説

1 いろいろな反語形を覚えよう。

① 副詞「豈」は「あニ」と読む。これに呼応して、文末を「センや」と「未然形＋ン＋や」にして反語形を完成させる。

読 豈《あ》に千《せん》里《り》を遠《とほ》《トオ》しとせんや。

② 副詞「独」は「ひとリ」と読む。反語形の文末「未然形＋ン＋や」となるよう「ざランや」と読む。

読 独《ひと》り心《こころ》に愧《は》ぢ《ジ》ざらんや。

③ 副詞「敢」は「あへテ」と読む。文末を送りがなで「未然形＋ン＋ヤ」とし、反語形とする。

読 役夫《えきふ》敢《あ》へ《エ》て恨《うら》みを伸《の》べんや。

④ 副詞「亦」は「まタ」と読む。「よろこバシカラずや」のように「未然形＋ず＋や」で読み、「なんと喜ばしいことではないか」と詠嘆で訳す。

読 亦《ま》た説《よろこ》ばしからずや。

実戦レベルにトライ 解答

2 次の漢文を現代語に訳しなさい。

① [1]名ハ[2]豈ニ[3]文[4]章モテ[5]著《あらは》サレンヤ。

② [1]独リ[2]安クンゾ[6]得ン二[3]黙[4]然トシテ[×]而[5]已《や》ムコトヲ一[7]乎。

③ [1]敢ヘテ[4]不ランヤレ[3]受ケレ[2]教ヘヲ。

④ [4]不二[1]亦タ[2]君[3]子ナラ一[5]乎。

①	②	③	④
名前は文章によって広く知られるだろうか。いや、知られない。	どうして黙ってやめることができるだろうか。いや、できない。	どうして教えを受けないだろうか。いや、教えを受ける。	なんと君子ではないか。

2 反語によって、何が言いたいのか、何を強調しているのかきちんと把握しよう。

① 「豈《あ》ニ～ンヤ」を用いる**反語形**。「(**どうして**)**～だろうか。いや～ない**」と反語で訳す。いくら文章がうまくても名声は手に入らないということを言っている。

読 名《な》は豈《あ》に文章《ぶんしやう》《ショウ》もて著《あらは》《アラワ》れんや。

② 「独《ひと》リ～ンヤ」を用いる**反語形**。「**安クンゾ**」と重ねて用いられている。このように、「**独**」は「**安**」や「**何**」などの疑問詞とともに用いられることもある。「**どうして～だろうか。いや～ない**」と反語で訳し、「**独**」を限定の意味で訳出しなくてよい。

読 独《ひと》り安《いづ》《イズ》くんぞ黙然《もくぜん》として已《や》むことを得《え》んや。

③ 「敢《あ》ヘテ～ンヤ」を用いる**反語形**。これも「**どうして～だろうか。いや～ない**」と訳す。必ず教えを受けることを述べている。

読 敢《あ》へ《エ》て教《おし》へ《エ》を受《う》けざらんや。

④ 「亦《ま》タ～ずヤ」を用いる**詠嘆形**。「**なんと～ではないか**」と詠嘆で訳す。

読 亦《ま》た君子《くんし》ならずや。

漢文のツボ 【輒】

読 すなはチ　訳 そのたびごとに

→ 前の事態が出現するごとに、後の結果が緊密に表れることを表す。「即」「則」「乃」「便」「輒」はみな「すなはチ」と読むが、意味はそれぞれ異なる。入試頻出語。

実力テスト④

● 疑問・反語形

書き下し文

高宗《かうそう》《コウ》即位《そくゐ》《イ》し、復《ま》た長安《ちやうあん》《チョウ》に詣《いた》る。上《しやう》《ショウ》復《ま》た遣帰《けんき》す。宰相《さいしやう》《ショウ》に謂《い》ひ《イ》て曰《い》は《ワ》く、「古《いにしへ》《イニシエ》より焉《いづ》《イズ》くにか神仙《しんせん》有《あ》らん。秦《しん》の始皇《しくわう》《コウ》・漢《かん》の武帝《ぶてい》之《これ》を求《もと》むれども、卒《つひ》《ツイ》に成《な》す所無《ところな》し。果《はた》して不死《ふし》の人有《ひとあ》らば、今皆《いまみな》安《いづ》《イズ》くにか在《あ》る」と。李勣《りせき》対《こた》へ《エ》て曰《い》は《ワ》く、「此《こ》の人再《ひとふたた》び来《き》たるに、容髪衰白《ようはつすいはく》し、已《すで》に前《まへ》《マエ》に改《あらた》まる、何《なん》ぞ能《よ》く長生《ちやうせい》《チョウ》せん。竟《つひ》《ツイ》に未《いま》だ行《ゆ》くに及《およ》ばずして死《し》す」と。

解答

❶ ——線Aは「古《いにしへ》より焉くにか神仙有らん。」と書き下す。これにしたがって、返り点と送りがなをつけなさい。〔8点〕

自《リ》レ古焉《クニカ》有《ラン》二神仙一。

[2] 自 [1] 古 [3] 焉 [6] 有 [4] 神 [5] 仙

❷ ア に入る字として適当なものを選び、記号で答えなさい。〔5点〕

① 始《はじメテ》 ② 再《ふたたビ》 ③ 敢《あヘテ》 ④ 猶《なホ》 ⑤ 卒《つひニ》 ⑥ 況《いはンヤ》

⑤

通釈

高宗が皇帝に即位し、また（サバビは）都の長安にやって来た。高宗もまた送り返した。（高宗が）宰相に言うことには、「昔からどこに不老不死の仙人などいただろうか。秦（国名）の始皇帝や漢（国名）の武帝がこれを求めたけれども、とうとう成功することはなかった。ほんとうに死なない人がいるとすれば、その人たちは今みなどこにいるのか」と。宰相の李勣が答えて言うには、「この人（＝サバビ）は再びやって来ましたが、容貌は衰え、髪は白くなり、すでに以前とは様変わりしています。どうして長生きなどできるでしょうか。とうとう自分の国へと出発することもなく死んでしまいました」と。

解説

❶ ポイントの一つは、「**自**」は日本語の助詞「**より**」と読むということ。「古」から返って「**自**レ**古**」で「古より」となる。「**焉**《いづ》**クニカ**」は場所を問う疑問・反語形。この文では、文末に**推量の助動詞**「ん」をつけて読んでいるから、**反語形**だとわかる。「どこにいるだろうか。いや、どこにもいない」という意味を表す。「神仙」は、不老長寿の仙人のこと。

❷ 文脈をとらえ、適切な副詞を選ぶ。「秦の始皇帝や漢の武帝（のような絶大な権力を持った君主）が求めても、□成功することはなかった。」の□にあてはまるのは、⑤「卒《つひ》ニ」だろう。

3 ——線Bを書き下しなさい。〔12点〕

果《はた》して不死《ふし》の人《ひと》有《あ》らば、今皆安《いまみないづ》《イズ》くにか在《あ》ると。

別解　果たして不死の人有らば、今皆安くにか在る。

飯塚直伝

【秦ノ始皇・漢ノ武帝求ムレドモレ之ヲ、卒ニ無シレ所レ成ス。】

右の一文は文中の「、」（読点）を境にして、二つの部分に分けられる。「求」の送りがな「ドモ」を見ればわかるように、前半部分と後半部分とが**逆接確定条件**（～だけれど・～だが）の関係で成り立っている。**仮定形「雖《いへど》モ」を用いなくても、逆接確定の関係を表せるのだ。**もしこの一文に送りがながつけられていなかったとして、「送りがなをつけよ」「書き下し文にせよ」と出題された場合には、「、」の前後を見比べて、**そこに働く接続関係を見抜いた上で、**適切な送りがなをつける（書き下す）視点が求められる。

3 「果」は「果《はた》して（果《は》たして）」と読み、「**ほんとうに（～ならば）**」「**もし（～ならば）**」と仮説の強調を表す。したがって、「**果して～有らば**」と、**未然形＋接続助詞「ば」**の形で書き下さなければならない。続く後半部分では、「**安 在**」を、「**安《いづ》くにか在《あ》る**」と、**疑問形**としてとらえられたかがポイント。疑問の副詞「**安くにか**」と呼応して、結びは**連体形**「**在る**」とする。「**之**」は、ここでは助詞の「の」で「**不死の人**」とひらがなで書き表す。会話文の最後なので、引用の助詞「**と**」を末尾につけるのが本来だが、なくても正解とする。

漢文のツボ

【卒】

読 ① にはかニ　② つひニ　③ おはル・おフ

訳 ① 突然に　② とうとう・最後には　③ 終わる・終える

↓ ①は副詞。「にはかニ」と読む副詞には「俄」「遽」もある。②は副詞。「つひニ」と読む副詞には「終」「竟」「遂」もある。③は動詞。

4 ——線Bの現代語訳として適当なものを選び、記号で答えなさい。〔8点〕

① やはり死なない人はいるもので、今も皆どこかに暮らしているのであろう。

② 死なない人がいるなどということは、今や誰も信じることができないであろう。

③ 死なない人がいるとすれば、その人たちは今皆どこにいるのか。

④ もし死なない人がいたとしても、安らかに暮らしているかどうかはわからない。

⑤ もし死なない人がいたとすれば、私たちはどうして安らかに暮らせようか。

⑥ 本当に死なない人がいるかどうかは、今は誰も知ることができない。

③

---

4 **③** の書き下す問題同様、「安 在」が場所・存在を問う疑問・反語形であることがわかったかどうかがポイント。疑問・反語形になっているのは、③「どこにいるの**か**」と、⑤「どうして安らかに暮らせ**ようか**」。⑤は、「安」を「安らかに」と読んでしまうと、「どうして〜か」にあたる疑問詞が漢文中に存在しなくなることから、あてはまらないと判断できる。

飯塚直伝

【果《シテ》有《ラバ》二不死之人一、今皆安《クニカ》在《ル》。】

右の一文は文中の「、」（読点）を境にして、二つの部分に分けられる。前半部分は仮定、後半部分は結論を表し、**順接仮定条件**の関係が成り立っている。仮説の強調を表す「果」があるから**前半部分は仮定**だとわかるが、たとえ「果」がなくても、**やはり「、」の前後で順接仮定条件の関係は成り立つ**。仮定形「如《もシ》」を用いて表現することもできるが、用いなくてもよい。漢文（中国古典）とはそういう言葉だ。条件接続の主な例を次にあげる。

① 無《クンバ》レ船、不レ可《カラ》レ済《わたル》。〈順接仮定条件〉
訳 船がなければ、渡れない。

② 至《レバ》レ此《ここニ》、不レ可《カラ》レ救《フ》。〈順接確定条件〉
訳 事態はこうなったので、救いようがない。

③ 死《ストモ》、不レ還《かへラ》。〈逆接仮定条件〉
訳 たとえ死んでも、帰らない。

④ 人危《あやブムモ》レ之《ヲ》、不レ聴《カ》。〈逆接確定条件〉
訳 人はこれを危ぶむが、本人は聞き入れない。

5 ——線Cを現代語に訳しなさい。〔12点〕

どうして長生きなどできるでしょうか。いや、できるはずがありません。

6 ——線D「死《スト》」の主語として適当なものを選び、記号で答えなさい。〔5点〕

① 太宗　② 娑婆寐　③ 高宗　④ 宰相
⑤ 始皇・武帝　⑥ 李勣

②

---

5 「**何ゾ**」は**疑問・反語形**を作る疑問詞。「**何**」には「**なに**」「**どの**」「**どこ**」「**どうして**」「**どのよう**」などの意味があるが、問題文中ではどの意味が適切か考えよう。「**能《よ》ク**」という**可能**を表す助字がヒントになる。前文の「すでに以前とは様変わりして」を受けて、「**どうして長生きなどできるだろうか。いや、できるはずがない**」と**反語**で意見を述べている。「宰相」が皇帝に向かって述べているので、敬語を用いて訳したい。

6 問題文の4行目に「**此ノ人**」とあり、「**この人**」の行動や様子が述べられている。

（「**この人**」は）再び来たる
　已に前に改まる
　何ぞ能く長生せん
　竟に～死す

「何ぞ能く長生せん」を受けて、実際に「**この人**」**が**「**死す**」（＝「死んだ」）と述べられていて、「死す」の主語は「**この人**」であるとわかる。話し手の「宰相」がいる都に再びやって来たのは、いったん追放された、②「娑婆寐」だ。
やはり、不老長寿の術など実際はありはしないのですね、ということ。

漢文のツボ

【直】 読 ① たダ　② ただチニ　③ あたひ　④ あタル　訳 ① ただ～だけ　② すぐに・まっすぐに　③ 価値・値段　④ 値する
→①は副詞・限定形。直＝唯・惟・但・只・徒・特・祇。②は副詞。③は名詞。直＝値。④は動詞。

18 使役形

基本をチェック 解答

1 次の使役の助動詞「しむ」の活用表を完成させなさい。送りがなになる部分はカタカナで書くこと。

	未然形	連用形	終止形	連体形	已然形	命令形
しム	しメ	しメ	しム	しムル	しムレ	しメヨ

2 次の［　］に読みがなをひらがなで、□に送りがなをカタカナで書きなさい。

① 令［し］メテ レ 知ラ 二 其ノ 罪ヲ 一 而 殺サン レ 之ヲ。

訳 その犯した罪をわからせてこれを殺そう。

② 我 教［し］ム 三 人ヲシテ 往《ゆ》カ 二 呉 楚ニ 一。

訳 私は人を呉（国名）と楚（国名）に行かせる。

③ 説［と］キテ 二 夫差ニ 一 赦《ゆる》サシム レ 越ヲ。

訳 （国王の）夫差を説得して越（国名）を許させる。

④ 此《こ》レ 率《ひき》ヰテ レ 獣ヲ 而 食《は》マシムル レ 人ヲ 也。

訳 これは獣を連れて来て、人を食わせるようなものだ。

解説

1 **使役を表す「しム」の活用を覚えよう。**

「しむ」を助字で表す場合は「使《し》ム」のように「使」を「し」と読み、「ム」を**送りがなとする**。とくに連体形「しムル」の「ル」を落とさないように注意。

○ 書かしむるなり　× 書かしむなり

2 **使役の基本的な句形をマスターしよう。**

① 「令」は使役の助字で「しム」と読む。助詞の「テ」が接続するので**連用形**「しメ」を入れる。「しム」は**未然形**に接続するので「知ラ」となる。

読 其《そ》の罪《つみ》を知《し》らしめて之《これ》を殺《ころ》さん。

② 「教」も使役の助字。使役する相手（動作をさせる人）は「ヲシテ」をつけて示す。

読 我人《われひと》をして呉楚《ごそ》に往《ゆ》かしむ。

③ 「説きて（説得して）→Aしむ（Aさせる）」と、前節の**動詞の意味から**、これを受ける後節の動詞を使役で読む例。使役の「シム」をすべて送りがなとして送る。使役する相手「夫差」には「ヲシテ」をつけない。

読 夫差《ふさ》に説《と》きて越《ゑつ》《エツ》を赦《ゆる》さしむ。

実戦レベルにトライ 解答

3 次の漢文を書き下し、現代語に訳しなさい。

① [6]非ザル四 [4]所《ゆゑん》-三- [5]以ニ [3]使ムル二 [1]国ヲシテ [2]聞カ一 [7]也。
＊「国」は「国民」の意味。

② [1]帝 [7]令ム三 [2]主ヲシテ [6]坐《ざ》セ二 [3]屏 [4]風ノ [5]後ロニ一。
＊「主」は帝の娘「公主」。

③ [3]命ジテ二 [1]僧《そう》 [2]繇《えう》ニ一 [5]画《ゑが》カシムレ [4]之ヲ。
＊「僧繇」は人名。

④ [3]挙ゲテ二 [1]伍《ご》 [2]員《うん》ヲ一 [6]謀《はか》ラシム二 [4]国 [5]事ヲ一。
＊「伍員」は人名。

①	②	③	④
読 国《くに》をして聞《き》かしむる所以《ゆゑん》《ユエン》に非《あら》ざるなり。	読 帝主《ていしゅ》をして屏風《びやうぶ》《ビョウ》の後《うし》ろに坐《ざ》せしむ。	読 僧繇《そうえう》《ヨウ》に命《めい》じて之《これ》を画《ゑが》《エガ》かしむ。	読 伍員《ごうん》を挙《あ》げて国事《こくじ》を謀《はか》らしむ。
訳 国民に聞かせるいわれのないことだ。	訳 帝《みかど》は公主を屏風の後ろに座らせた。	訳 僧繇に命じてこれ(絵)を描かせた。	訳 伍員を登用して国の政治を執《と》らせた。

④ 使役の助字がなくても、文全体の意味から、使役で読むのが自然な例。「**未然形＋シム**」を送りがなとする。「なり」に接続しているので**連体形**「**シムル**」を送る。

読 此《こ》れ獣《じゅう》《ジュウ》を率《ひき》《イ》ゐて人《ひと》を食《は》ましむるなり。

3

「誰に」「何を」させるのか、明確に訳そう。

① 「**所以**」は「理由」「由来」「いわれ」などの意味。「**使**」が使役の助字「**しむ**」で、ひらがなで書き下す。「**国をして聞かしむ**」で「**国民に聞かせる**」と訳す。

② 「**令**」が使役の助字で、これを「**しむ**」と読み、「**主をして坐せしむ**」となる。一字めの「**帝**」が文の主語で、「**帝が－主を－座らせた**」が文の骨組みとなる。

③ 「**命じて**」を受けて、「**画かしむ**」と「**しむ**」を送りがなとしてつけて、使役の表現とする。命じた対象は「**僧繇**」。

④ 「**挙げて**」は君主などが身分の低い者を高い地位に就《つ》ける意味で、「**登用する**」などと訳す。「**謀る**」は「考える」「計画する」などの意味で、「**国事を謀る**」で「**政治を執《と》り行う**」という意味。

漢文のツボ

【徒】 読 ① いたヅラナリ ② たダ 訳 ① むなしい・むだだ ② ただ〜だけ → ①は副詞。「徒労」の「徒」。②は副詞。限定形。徒＝唯・惟・但・只・直・特・祇。累加形「豈徒〜」の場合には「あニたダニ〜」と「二」を付けて読む。

19 受身形

基本をチェック 解答

1 次の使役の助動詞「る・らる」の活用表を完成させなさい。送りがなになる部分はカタカナで書くこと。

	未然形	連用形	終止形	連体形	已然形	命令形
る	れ	れ	る	るル	るレ	れヨ
らル	らレ	らレ	らル	らルル	らルレ	らレヨ

2 次の［　］に読みがなをひらがなで、□に送りがなをカタカナで書きなさい。

① 所レ［る］ル殺サ蛇ハ白帝ノ子ナリ。
訳 殺された蛇は白帝の子である。

② 不レ［ず］信《しん》ゼラレ二乎朋友ニ一。
訳 友人に信頼されない。

③ 為二［な］ル狂賊ノ所一レ［ところ］ト刺ス。
訳 狂暴な賊に刺された。

④ 為二［な］リ楚ノ将一ト封《ほう》ゼラル二於項ニ一。
訳 楚（国名）の将軍となり項（地名）の地を与えられた。

解説

1 **受身を表す「る・らル」の活用を覚えよう。**

「る・らル」は接続する語の活用の種類で使い分ける。助字で表す場合は「見《る》・見《ら》ル」という読みになる。「しム」と同様、**連体形**に注意しよう。

○ 殺さるる者・信ぜらるる者
× 殺さる者・信ぜらる者

2 **受身の基本的な文型をマスターしよう。**

① 「殺ス」は**四段活用**なので、これに接続する受身の助字「所」は「る」と読む。体言「蛇」が接続しているので、**連体形**「**るル**」が入る。
読 殺《ころ》さるる蛇《へび》は白帝《はくてい》の子《こ》なり。

② 置き字「**乎**」があり、「**朋友ニ**」と送りがなをつけ、「**信ズ**」を受身として読む。「信ず」は**サ行変格活用**。**四段・ラ変活用以外**なので、「**ラル**」を送りがなにする。「ず」が接続しているので**未然形**「**ラレ**」を入れる。
読 朋友《ほういう》《ユウ》に信《しん》ぜられず。

③ 「**〜所《ところ》と為《な》る**」と読む受身の形。「為」にはさまざまな読みがあるが、「**なル**」と読んで受身形を構成することを必ず覚

実戦レベルにトライ 解答

3 次の漢文を書き下し、現代語に訳しなさい。

① [2]欲レスレバ [1]与ヘント、[5]恐レル [4]見レルヲ [3]欺《あざむ》カ。

② [2]治レムル [1]人ヲ [3]者ハ [5]食《やし》二ナハル [×]於 [4]人一ニ。

③ [1]遂ニ [5]為二ル [2]楚ノ [4]所レト [3]敗ル。

④ [4]遊一二レ [5]説シテ [1]秦ノ [2]恵 [3]王一ニ [7]不レ [6]用ヒラレ。

＊「楚」は国名。

＊「秦」は国名。

	読	訳
①	与《あた》へ《エ》んと欲《ほつ》すれば、欺《あざむ》かるるを恐《おそ》る。	与えようと思うと、だまされることを恐れる。
②	人《ひと》を治《をさ》《オサ》むる者《もの》は人《ひと》に食《やし》なは《ワ》る。	人を統治している者は人に養われている。
③	遂《つひ》《ツイ》に楚《そ》の敗《やぶ》る所《ところ》と為《な》る。	とうとう楚に打ち破られた。
④	秦《しん》の恵王《けいわう》《オウ》に遊《いうぜい》《ユウ》説して用《もち》ひ《イ》られず。	秦の恵王に自分の意見を説いたが採用されなかった。

えておこう。

④「**封ズ**」は、君主が臣下に領地を与えて、その地を統治するのを認めること。君主が「**封ずる**」のに対し、主語が臣下なら「**封ぜられる**」という受身の意味が生じる。送りがなで「**ラル**」をつけ、受身の表現にする。

読 楚《そ》の将《しやう》《ショウ》と為《な》り項《かう》《コウ》に封《ほう》ぜらる。

読 狂賊《きやうぞく》《キョウ》の刺《さ》す所《ところ》と為《な》る。

3 **「誰に」「何を」されるのか、明確に訳そう。**

①「**欺ク**」は**四段活用**なので、「**見**」は「**る**」と読み、「**を**」が接続するので、**連体形**「**るる**」になる。「**だまされることを恐れる**」という訳になる。

②「**治ムル**」は**下二段活用**の動詞「**治ム**」の**連体形**で、受身形ではない。置き字「**於**」によって「**食《やし》ナフ**」を受身にする。**未然形**「**食なは**」に受身の「**る**」がついている。

③「**~所と為る**」と読む受身の形。直接「**れる・られる**」をつけた受身で訳す。「**所**」の前に読む動作を「敗らるる所」など、**受身にしない**。

④君主が地位を与えたり処罰したりすることを表し、**文脈から受身に読む**例。「**用**」は、「**もちフ**」（ハ行上二段活用）と読むほか、「**もちヰル**」（ワ行上一段活用）と読んでもよい。

漢文のツボ【当】

読 ① あタル ② あツ ③ まさニ~ベシ 訳 ① 匹敵する ② 当てる ③ きっと~のはずだ・当然~すべきだ

→①②は動詞。③は再読文字。重要。「当」「応」ともに再読文字で当然・推量の意味があるが、「当」は当然であることが多い。

実力テスト⑤

● 使役形・受身形

書き下し文

新安《しんあん》の人閻居敬《ひとえんきよけい》、居《を》《オ》る所山水《ところさんすい》の浸《ひた》す所《ところ》と為《な》る。屋《おく》の壊《こは》《コワ》れんことを恐《おそ》れ、榻《たふ》《トウ》を戸外《こぐわい》《ガイ》に移《うつ》して寝《い》ねたり。一烏衣《いちうい》の人《ひと》を夢《ゆめ》みる。曰《い》は《ワ》く、「君水《きみみづ》《ミズ》を避《さ》けて此《ここ》に在《あ》り、我《われ》も亦《ま》た水《みづ》《ミズ》を避《さ》けて此《ここ》に至《いた》る。君《きみ》に於《お》いて何《なに》をか害《そこな》ひ《イ》て我《われ》に迫迮《せま》ること是《か》くのごとくなるや。不快《ふくわい》《カイ》なること甚《はなはだ》し」と。居敬寤《きよけいさ》め、其《そ》の故《ゆゑ》《ユエ》を測《はか》らず。爾《こ》の夕《ゆふ》《ユウ》べ三《み》たび夢《ゆめ》みる。居敬曰《きよけいい》は《ワ》く、「豈《あ》に吾当《われまさ》に此《ここ》に止《とど》まるべからざるか」と。因《よ》りて命《めい》じて牀《しやう》《ショウ》を移《うつ》さしむるに、乃《すなは》《スナワ》ち牀脚斜《しやうきやくなな》《ショウ》めに一亀《いつき》を戸限《こげん》の外《そと》に圧《お》す。之《これ》を放《はな》てば乃《すなは》《スナワ》ち去《さ》る。

通釈

新安の人閻居敬は、住んでいるところが山から流れてきた水によって水浸しにされてしまった。居敬は家が水害で壊れてしまうことを心配し、寝台を家の外に移動して寝ていた。一人の黒い服を着た人がその夜の夢の中に現れた。その人が言うには、「あなたは水による災害を避けてここ(屋外)にいる。私もまた水による災害を避けてここにやって来た。あなたにいったいどんな被害を与えたからといって、私をこのように虐げるのか。非常に不愉快だ」と。居敬は目を覚ましたが、その夢のわけがわからなかった。その夜三たび同じ夢を見た。居敬が言うには、「私はここに止まってはいけないのではなかろうか」と。そこで(家人に)命じて寝台を移させたところ、なんと寝台の脚が斜めになって、一匹の亀を敷居の外に押しつけていたのであった。そこで(居敬は)この亀を放してやったところ、亀はすぐさま去って行った。

解答

❶ ——線Aの現代語訳として適当なものを選び、記号で答えなさい。〔12点〕

① 住んでいるところが山から湧き出てくる水の流れのほとりにあった。 ×

② 住んでいるところが山から流れてきた水によって水浸しにされてしまった。 ○

③ 住んでいるところが山から流れてきた大水で水没してしまった場所であった。 ×

解説

❶ ——線Aには受身形「為A所B(＝AのBする所となる)」が含まれている。選択肢を検討すると、受身形で訳しているのは②「水浸しにされて」だけ。正解は②。

受身形のAに相当する「山水」の訳を検討しても、正しいのは②「山から流れてきた水」で、やはり正解は②。

④ 住んでいるところは山の中で、湧き水のあふれ出てくる場所が近くにあった。

⑤ 住んでいるところは山の中で、湧き出した水によって水浸しになった。

②

2 ――線Bの書き下し文として適当なものを選び、記号で答えなさい。〔10点〕

① 榻を戸外より移して寝《い》ねたり。

② 戸外より榻を移して寝ねたり。→読み順が不適当

③ 榻を戸外に移して寝ねたり。

④ 戸外に寝ねて榻を移したり。→読み順が不適当

⑤ 榻を移して戸外に於いて寝ねたり。→読み順が不適当

③

飯塚直伝

――線部のどの部分に着目するかについては、やり方が複数あるが、要領を覚えれば、簡単に選択肢を取捨できる。まず、句形をしっかりマスターしていれば、着眼点がおのずと決まってくる。

着眼点がわからない場合には、それぞれの選択肢を縦に読むのではなく、横に目を通し、同じ表現と異なる表現に着目するとよい。出題者がどの部分に「わな」を仕掛けたかが見えてくる。

2 ――線B「移 榻 於 戸 外」の読み順は、返り点にしたがうと「**榻→(於)→戸→外→移**」で、この順番で読んでいる選択肢に絞る。これは「**述語**(移)―**目的語**(榻)―**補語**(於戸外)」の構造である。「榻を戸外に移して」と読んでいる③が正解。①「榻を戸外より移して」という読み方は、「述語―目的語―補語」の読み方に合致するが、そのように読んだのでは、「寝台を家の外から(水害で壊れそうな)家の中に移して」という意味になり、本文の文脈に合致しない。

漢文のツボ【独】

読 ひとり　訳 a ただ～だけ　b どうして～だろうか

↓ aは副詞。限定形。bは副詞。反語形「独～乎」の「独」は「どうして」と訳す。「ひとり」と訳してはいけない。

❸ ――線Cは「豈に吾当に此に止《とど》まるべからざるか」と書き下す。これにしたがって返り点をつけたものとして適当なものを選び、記号で答えなさい。〔12点〕

① 豈吾不レ当レ止レ此耶
② 豈吾不レ当二止此一耶
③ 豈三吾不二当止一レ此耶
④ 豈吾不二当レ止此一耶
⑤ 豈二吾不レ当止一レ此耶

①

❹ 問題文の内容に合致するものを一つ選び、記号で答えなさい。〔16点〕

① 閻居敬の家が水害で壊れて、飼っていた亀が家具と敷居の間に挟まれて身動きが取れなくなったため、神が亀を助けに現れた。
② 閻居敬の夢の中に黒い服を着た人が現れて、飼っていた大事な亀が閻居敬のもとに逃げて行ったので返してほしいと訴えた。
③ 閻居敬が水害で寝台と敷居の間に挟まれて身動きが取れなくなったため、かつて閻居敬に恩を受けた亀が姿を変えて助けに現れた。
④ 一匹の亀が閻居敬の寝台と敷居の間に挟まれて身動きがとれなくなったため、閻居敬の夢の中に姿を変えて現れ窮状を訴えた。
⑤ 一匹の亀がかつて住処が水浸しになって苦しんでいた時に閻

---

❸ 返り点を施す問題。書き下し文が示されている場合、読み方が確定されているから、難しいことはない。

――線Cには再読文字「当」が含まれる。「**豈→吾→当**(まさニ)**→此→止→当**(べから)**→不→耶**」の順に返り点を施している選択肢が正解だ。正解は①。

再読文字の二度目の読みを読むためには返り点が必要となる。「**当**」に返り点を施していない③、⑤は誤りだとすぐわかる。「**止**」から「**当(べから)**」へ返るように返り点を施してある選択肢は①、④だから、そのうちのいずれかが正解だ。「**此**」から「**止**」へ返って読むようにレ点が施してある①が正解。

❹ まず、問題文のあらすじを確認しよう。問題文がしっかり読み取れただろうか。

・閻居敬の家が水害に遭う。
・家が壊れることを恐れ、寝台を戸外に置いて寝る。
・黒い服を着た人に抗議される夢を三度見る。
・寝台を置いた場所がよくないと思い、移動させる。
・一匹の亀が寝台と敷居に挟まれていた。
(夢に現れた黒い服を着た人は亀だった。)
・亀を逃がしてやる。

これと合致しない点を含む選択肢を消去していき、残ったものを解答とする。④以外の選択肢は、上段〰〰部が本文と合致していない。正解は④。

居敬に助けられたため、その恩返しをしようと閻居敬の夢に現れた。

④

〈センター試験〉

飯塚直伝

内容合致問題は、直ちに正解を見つけ出すことはできない。各選択肢を読み、本文と対比して正解を決める必要がある。**消去法により誤りを含む選択肢を消していき**、正解を決める。

とはいうものの、内容合致問題を解く際にも使えるコツも少しはある。

① 各選択肢の末尾部分に**キーワード**が現われる場合が時々ある。各選択肢のうちの冒頭からの長い説明文は、末尾部分の**キーワード**を説明するための「修飾語句」に過ぎないからである。各選択肢の末尾部分だけを横に目を通すと、正解への手がかりを得られることがある。

② 各選択肢をざっと読み、そこに書かれてある内容が**プラス・イメージ**なのか、それとも**マイナス・イメージ**なのかを判別し、各選択肢に「＋」または「－」記号を付けるのもよい。この方法により選択肢を二つのグループに分けることができて、解答時間の節約につながる。

なお、本文の話の筋を全くつかめない場合には、先に内容合致問題をざっと読むのもよい。本文はどのような内容なのかがおおよそ推測できる。

漢文のツボ

【復】

読 また　訳 a もう一度　b さらに

➡ 副詞。a は同一の動作、状況が再度繰り返されることを表す。「不復～」は「また～ず」と読み「二度とは～ない」と訳すが、「決して～ない」と訳すこともある。b は状況が継続、深化することを表す。

20 比較形

基本をチェック 解答

1 次の［　］に読みがなをひらがなで、□に送りがなをカタカナで書きなさい。

① 霜葉ハ紅ナリ㆓於二月ノ花ヨリモ㆒。

訳 霜にあたって赤くなった葉は、桃の花よりも赤い。

② 地ノ利ハ不［ず］㆑如［し］カ㆓人ノ和ニ㆒。

訳 地形が有利であることは、人が団結することに及ばない。

③ 人ハ莫［な］シ㆑若［し］クハ㆑故《ふる》キニ。

訳 人は古くからの知り合いに及ぶものはない。

④ 天下之水、莫［な］シ㆑大ナルハ㆓於海ヨリモ㆒。

訳 世の中の水で、海より大きなものはない。

実戦レベルにトライ 解答

解説

1 置き字「於・于・乎」の働きから「ヨリモ」と送ることに注意しよう。

① 置き字「於」があり、下の語に「ヨリモ」を送る形。

読 霜葉《さうえふ》《ソウヨウ》は二月《にぐわつ》《ガツ》の花《はな》よりも紅《くれなゐ》《クレナイ》なり。

② 「不㆑如」で「しカず」と読み、「AはBに及ばない」→「BはAよりよい」ことを表す比較の形。

読 地《ち》の利《り》は人《ひと》の和《わ》に如《し》かず。

③ 「莫㆑若」で「しクハなシ」と読み、「Aに及ぶものはない」→「Aがもっともよい」ことを表す比較の形。「最上形」と言われることもある。

読 人《ひと》は故《ふる》きに若《し》くは莫《な》し。

④ 置き字「於」によって、下の語に「ヨリモ」を送り、比較を表す形。「大ナルハ」のように「大ナリ」の連体形に助詞「ハ」をつける。「BよりもAなものはない」→「BがもっともAだ」ということを表す。「最上形」と言われることもある。

読 天下《てんか》の水《みづ》《ミズ》、海《うみ》よりも大《だい》なるは莫《な》し。

2 次の漢文を書き下し、現代語に訳しなさい。

① [4]与フルハ二 [1]人ニ [2]善 [3]言ヲ一、[7]暖カナリ二 [×]于 [5]布 [6]帛ヨリモ一。

＊「布帛」は「織物」の意味。

② [1]弟 [2]子ハ [7]不二 [3]必ズシモ [6]不レバ [5]如カ レ [4]師ニ。

③ [9]莫シレ [8]若クハ二 [1]六 [2]国 [3]従 [4]親シテ [5]以テ [7]擯《しりぞ》クルニレ [6]秦ヲ。

＊「従親」は南北同盟の意味。「秦」は国名。

④ [1]人ノ [3]所レ [2]憂フル [4]者は、[7]莫シレ [6]急ナルハ二 [×]乎 [5]死ヨリモ一。

	読	訳
①	人《ひと》に善言《ぜんげん》を与《あた》ふ《ウ》るは、布帛《ふはく》よりも暖《あたた》かなり。	人に良い言葉を与えるのは、織物よりも暖かだ。
②	弟子《ていし》は必《かなら》ずしも師《し》に如《し》かずんばあらず。	弟子は必ずしも師に及ばないとは限らない。
③	六国従親《りっこくしょうしん》して以《もっ》て秦《しん》を擯《しりぞ》くるに若《し》くは莫《な》し。	六か国が手を結んで秦を撃退するのがもっともよい。
④	人《ひと》の憂《うれ》ふ《ウ》る所《ところ》は、死《し》よりも急《きふ》《キュウ》なるは莫《な》し。	人が心配することで、死よりも突然なものはない。

2 **比較（最上）の形をマスターして、「何と何が」「どんな観点で」比較されているかを明確にしよう。**

① 主語は「**人に善言を与ふる**（こと）」。**置き字「于」**があり、その下の「**布帛**」が**比較の相手**になる。

② 主語は「**弟子**」。「**師**」が**比較の相手**。部分否定の中で、比較形が用いられている。

> 部分否定 不二必 比較形 不レ如レ師。
> ←
> **必ずしも 師に及ばない とは限らない。**

「**必ずしも～とは限らない**」の中に「**師に及ばない**」が取り込まれている。

③ 「**若《し》くは莫《な》し**」で、「**及ぶものはない**」と、**最上であること**を表す形。Aにあたる部分（同盟を結ぶことにおいては）」が省略され、「**莫レ若レB**」の部分だけが表されている。「（秦と六か国が東西同盟を結ぶよりも）**六か国が南北同盟を結んで、秦を撃退するのがもっともよい**」ということ。

④ **置き字「乎」**が比較を表し、「**死**」が比較の対象になっている。「**死よりも突然なものはない**」ということで、「**死がもっとも突然なものだ**」ということ。

漢文のツボ 【又】

読 また　訳 そのうえ・ほかに ➜ 副詞。意味をさらに加えたり、二つの事情が重ねて存在することを表す。「既～又～」は「すでニ～また～」と読み「～であるうえに、さらに～でもある」と訳す。その「既」には完了の意味はない。

21 選択形

基本をチェック 解答

1 次の［　］に読みがなをひらがなで、□に送りがなをカタカナで書きなさい。

① 寧［むし］ロ人負《そむ》クトモ㆑我ニ、毋《な》カレ㆓我負クコト㆒㆑人ニ。

訳 むしろ人が自分に背いても、自分は人に背いてはいけない。

② 寧［むし］ロ以テ㆑義ヲ死ストモ、不㆓苟《いや》シクモ幸《こひねが》ハ㆒㆑生クルコトヲ。

訳 むしろ義のために死んでも、かりそめにも生きることは願わない。

③ 漢ハ孰［いづ］レゾ㆓-与我ノ大ナルニ㆒。

訳 漢はわが国の大きいのと比べてどうか。わが国のほうが大きいだろう。

④ 礼ハ与［よ］リハ㆓其ノ奢《おご》ラン㆒也、寧［むし］ロ倹ナレ。

訳 儀礼はぜいたくにするよりはつつましくしなさい。

解説

1 **「寧ロ」「孰与レゾ」「与リハ」の読みを確実に覚えよう。**

① 「**むしロAトモBなカレ**」という形で、Aを選択し、Bを排除(禁止)する形。「**とも**」は逆接の接続助詞。動詞には**終止形**に、形容詞には**連用形**に接続する。「**毋**」は「**無**」の同義字。「**なカレ**」は命令形。

読 寧《むし》ろ人我《ひとわれ》に負《そむ》くとも、我人《われひと》に負《そむ》くこと毋《な》かれ。

② 「**むしロAトモBず**」という形で、Aを選択し、Bを排除(否定)する形。「**苟しくも**」は「**かりにも**」「**かりそめにも**」と訳し、否定の意味を強めている。

読 寧《むし》ろ義《ぎ》を以《もっ》て死《し》すとも、苟《いや》しくも生《い》くることを幸《こひねが》《コイネガワ》はず。

③ 「**孰-与**」は「**いづレゾ**」と読み、「**どうか**」「**どちらが**」という疑問を表す。「**AはBに比べてどうか**」と問いながら、「**AはBに及ばない**」「**Bのほうがよい**」ということを表す表現もあり、問題文がこれにあたる。

読 漢《かん》は我《われ》の大《だい》なるに孰《い》《イ》与《づ》《ズ》れぞ。

④ 「**与**」を「**よリハ**」と読み、「**AよリハむしロBセヨ**」でAとBを比べて、**Bを選択する**ことを表す。

読 礼《れい》は其《そ》の奢《おご》らんよりは、寧《むし》ろ倹《けん》なれ。

実戦レベルにトライ 解答

2 次の漢文を書き下し、現代語に訳しなさい。

① [1]寧ロ[6]為ルトモ二[2]刑[3]罰ノ[5]所トレ[4]加ハル、[12]不レ[11]為ラ二[7]陳[8]君ノ[10]所トレ[9]短《そし》ル。

＊「陳君」は「陳寔(人名)」を敬って言う。

② [1]坐シテ[×]而[3]待ツヨリモレ[2]亡《ほろ》ブヲ、[6]孰一二[7]与レゾ[5]伐《う》ツニレ[4]之ヲ。

③ [5]与リハ二[1]其ノ[2]富ミテ[×]而[4]畏レンレ[3]人ヲ、[10]不レ[9]若カ二[6]貧シクシテ[×]而[8]無キニレ[7]屈スル。

	①	②	③
読	寧《むし》ろ刑罰《けいばつ》の加《くは》《クワ》はる所《ところ》と為《な》るとも、陳君《ちんくん》の短《そし》る所《ところ》と為《な》らず。	坐《ざ》して亡《ほろ》ぶを待《ま》つよりも之《これ》を伐《う》つに孰与《いづ》《イズ》れぞ。	其《そ》の富《と》みて人《ひと》を畏《おそ》れんよりは、貧《まづ》《マズ》しくして屈《くつ》する無《な》きに若《し》かず。
訳	むしろ刑罰を受けることになっても、陳君に非難されるようにはならない。	このままで滅ぼされるのを待つよりも、この国を討伐するのはどうか。討伐するほうがよい。	金持ちになって人を恐れて暮らすよりは、貧しくても卑屈になることがないほうがよい。

2

「何と何が」比較され、「どちらが」選択されたのか明確にしよう。

① 「**寧《むし》ろA(す)とも**」は「**むしろAしても**」と訳す。「**Aしてもbはしない**」とAを選択する表現である。「陳君に非難される(B)ぐらいなら、刑罰を受ける(A)ほうがまし」ということ。

② 「**AはBに孰与《いづ》れぞ**」と、AとB、どちらを選択するかを問う疑問の表現。[1]③と同じく、「滅ぼされる(A)」ことは受け入れがたいので、「討伐する(B)ほうがよい」と解釈する。

③ 「**AよりはBに若《し》かず**」は、直訳では「**AよりはBに及ばない**」となり、**Bを選択する**(推す)形。訳は「**AよりはBがよい**」とすればよい。「**与《よ》リハ**」はひらがなで書き下す。[1]④と同じく、語調を強めるために、Aに「**其《そ》の**」がつくことが多い。つかない場合と文意はほぼ変わらず、無理に訳出する必要はない。

漢文のツボ

【亦】 読 また 訳 また

↓ 副詞。先に述べたものと同義であることを表す。「〜モまタ」と読まれることから「もまた」とも呼ぶ。「復」(もう一度)、「又」(そのうえ)、「亦」(また)の意味の違いを確実に覚えること。

22 仮定形

基本をチェック　解答

1 次の［　］に読みがなをひらがなで、□に送りがなをカタカナで書きなさい。

① 学若［も］シ無レクンバ成ル、死ストモ不［ず］レ還ラ。

訳 もし学問が成就しなければ、死んでも帰らない。

② 苟［いや］シクモ得《え》レバ見《まみ》ユルヲ、則チ盈《みた》レサン願ヒヲ。

訳 もしお目にかかることができるならば、私は満足です。

③ 縦［たと］ヒ権ハ攻《せ》二ムトモ新城一ヲ、必ズ不レラン能レハ抜クコト。

訳 たとえ権（人名）が新城を攻めても、きっと陥落させることはできないだろう。

④ 雖［いへど］二モ千万人一ト吾行カン矣。

訳 相手がたとえ千万人いたとしても私は退かない。

解説

1 「如シ・若シ」「苟シクモ」「縦ヒ」「雖モ」の読みを確実に覚えよう。

① 仮定を表す「若」は「もシ」と読み、これを受ける語には、仮定を表す接続助詞「バ」を送る。「バ」は未然形に接続するが、「不」「無」に接続する際には「ン」を挿入して、「ずンバ」「無《な》クンバ」となる点に注意。

読 学若《がくも》し成《な》る無《な》くんば、死《し》すとも還《かへ》《カエ》らず。

② 「苟」は「いやシクモ」あるいは「いやしクモ」と読む。これを受ける語に「バ」を送る。「バ」は未然形に接続する。「得」の未然形は「え」。「則」は「すなはチ」と読み、順接の接続を表す。

読 苟《いや》しくも見《まみ》ゆるを得《え》ば、則《すなは》《スナワ》ち願《ねが》《イ》ひを盈《みた》さん。

③ 「縦」は「たとヒ」と読み、「たとえ～ても」と逆接の仮定を表す。「縦ヒ」を受ける語は終止形とし、接続助詞「トモ」を送る。

読 縦《たと》《イ》ひ権《けん》は新城《しんじやう》《ジョウ》を攻《せ》むとも、必《かなら》ず抜《ぬ》くこと能《あた》《ワ》はざらん。

④ 「雖」は「いへどモ」と読み、「たとえ～であっても」と、逆接の仮定条件を表す。助詞「ト」を受ける。

読 千万人《せんまんにん》と雖《いへど》《イエド》も吾《われ》行《ゆ》かん。

実戦レベルにトライ 解答

2 次の漢文を書き下し、現代語に訳しなさい。

① [1]若シ[3]獲レバ[2]癒ユルヲ、[4]何《なん》[5]謂《す》レゾ[7]不レル[6]言ハ。

② [1]苟シクモ[3]有レラバ[2]過チ、[4]人[5]必ズ[7]知レル[6]之ヲ。

③ [1]縦ヒ[4]得二トモ[2]田[3]地一ヲ、[8]失二フハ[5]兄[6]弟ノ[7]心一ヲ[9]何[10]如。

④ [2]若レクンバ[1]此《か》クノ[3]則チ[4]群[5]臣[6]畏レン。

④	③	②	①
読 此《か》くのごとくんば則《すなは》《スナワ》ち群臣《ぐんしん》畏《おそ》れん。	読 縦《たと》ひ《イ》田地《でんち》を得《う》とも、兄弟《けいてい》の心《こころ》を失《うしな》ふ《ウ》は何如《いかん》。	読 苟《いや》しくも過《あやま》ち有《あ》らば、人必《ひとかなら》ず之《これ》を知《し》る。	読 若《も》し癒《い》ゆるを獲《え》ば、何謂《なんす》れぞ言《い》は《ワ》ざる。
訳 このようであるならば臣下はみな恐れるだろう。	訳 たとえ田を手に入れても、兄弟の心を失うのはどうか。	訳 かりにも過ちがあれば、人は必ずそのことを知る。	訳 もし病気が治るのなら、どうして言わないのか。言えばいいのに。

2 **仮定形では「Aすれば、Bになる」のA(仮定条件)とB(その帰結)をきちんとつかむことが重要。**

① 後半の帰結の部分が疑問(勧誘)表現になっている。「若」も「若《も》し」と読むことをしっかり覚えよう。「何謂」は「何為」と同じく、「なんすれぞ」と読み、「どうして～か」と疑問を表す(→本冊 p.45)。文末は**連体形**で結ぶ。

② 「苟」も難読である。「苟《いや》しくも」という読みを覚えよう。「もし」「かりにも」「かりそめにも」などと訳して**順接の仮定条件**を表す。

③ 「縦」は「縦《たと》ひ」と読み、**逆接の仮定条件**を表す。「AしてもB」と、Aから自然に導き出されるのとは異なるBが帰結になることを表す。「何如」は「いかん」と読み、「どうか」「どのようか」の意味(→本冊 p.49)。

④ この問題では「若」は「ごとくんば」と読み、様態を表している。「不」「無シ」と同じく、**未然形と接続助詞「ば」**の間に「ん」を挿入する。

漢文のツボ

【猶】

読 ① なホ～のごとシ ② なホ 訳 ① ちょうど～と同じだ ② a ～でさえも b やはり・いまなお

➡ ①は動詞。再読文字。②aは副詞。抑揚形で用いられる。「～スラなホ～、いはンヤ～ヲや」の形で用い、「～でさえも～、ましてや」と訳す。

23 限定形

基本をチェック 解答

1 次の［　］に読みがなをひらがなで、□に送りがなをカタカナで書きなさい。

① 求［ムル］二其ノ放心一ヲ而已矣［のみ］。
訳 その失われた心を追い求めるだけだ。

② 惟［た］［ダ］士［ノミ］為《な》スレ能《よ》クスルヲ。
訳 ただ学識のある人だけが行うことができる。

③ 独［ひと］［リ］其ノ言《げん》在［ル］耳［のみ］。
訳 ただその言葉が残されただけだ。

④ 僅［わづ］［カニ］以テ過ゴス［ノミ］レ冬ヲ。
訳 やっと冬を越せるだけだ。

解説

1 漢字で書く、文末の「のみ」に注意しよう。

① 「而已矣」で「のみ」と読む。「矣」がつかない「而已」も「のみ」と読む。助詞なのでひらがなで書き下す。「求む」は下二段活用で、連体形は「求ムル」。「求メル」と答えた人は動詞の二段活用をもう一度復習しよう。
読 其の放心《ホウ はうしん》を求《もと》むるのみ。

② 「惟」は「たダ」と読む。「たダ」と読む字は複数ある。もう一度確認しておこう（→本冊 p.66）。この「たダ」を受ける語に限定を表す助詞「ノミ」を送る。
読 惟《た》だ士《し》のみ能《よ》くするを為《な》す。

③ 「独」は「ひとリ」と読む。「ただその人だけ」と人間を限定するばかりでなく、人間以外のものを限定する場合にも用いる。訳は「ただ」となる。
読 独《ひと》り其《そ》の言《げん》在《あ》るのみ。

④ 「僅」は「わづカニ」と読む。訳をそのまま「わずかに」とせず、「やっと」「ようやく」と訳すことに注意。
読 僅《ワズ わづ》かに以《もっ》て冬《ふゆ》を過《す》ごすのみ。

実戦レベルにトライ 解答

2 次の漢文を書き下し、現代語に訳しなさい。

① [1]書ハ[6]足ル三[2]以テ[5]記スルニ二[3]名[4]姓ヲ一[7]而[8]已。

② [1]但ダ[6]見ル二[2]草[3]木ノ[4]栄[5]枯スルヲ一[7]耳。

③ [1]惟ダ[5]不レ[4]喜バ二[2]人ノ[3]唾《つばき》ヲ一ルノミ。

④ [7]非ザル三[1]独リ[2]賢[3]者ノミ[6]有ルニ二[4]是ノ[5]心一[8]也。

	読	訳
①	書《しよ》は以《もつ》て名姓《めいせい》を記《き》するに足《た》るのみ。	字を書くことは姓名を記すのに役立つだけだ。
②	但《た》だ草木《さうもく》《ソウモク》の栄枯《えいこ》するを見《み》るのみ。	ただ草木が繁ったり枯れたりするのを見るだけだ。
③	惟《た》だ人《ひと》の唾《つばき》を喜《よろこ》ばざるのみ。	ただ人の唾を喜ばないだけだ。
④	独《ひと》り賢者《けんじや》のみ是《こ》の心有《こころあ》るに非《あら》ざるなり。	ただ賢者だけがこの心を持っているのではない。

2 **限定されているものは何か、どの語に「だけ」をつけて訳すか注意しよう。**

① まずは「而已」を「のみ」と読めたかがポイント。「のみ」は連体形に接続することにも慣れよう。

② 「ただ」と読む漢字は複数あるが、主要なものは覚えたい。「但」はその一つ。「ただ」に呼応して、文末を助字「耳」で結んでいる。「耳」を「のみ」と読むことも覚える。

③ 「惟」も「ただ」と読む字。助字はないが、文末の語に「ノミ」を送り、「ただ～のみ」と呼応する形になっている。

④ 「独」は「独《ひと》り」と読む。訳は「賢者が一人だけ」ではなく、「ただ賢者だけ」とする。特定の、一人の賢者について言っているのではない。

漢文のツボ

【庶幾】

読 ① こひねがハクハ～ン／セヨ　② ちかシ

訳 ① どうか～させてください／してください　② 近い

➡ ①は副詞。ある状況に接近することを期待することを表す。②は形容詞。ある状況に接近していることを推量する。

24 比況形

基本をチェック 解答

1 次の［　］に読みがなをひらがなで、□に送りがなをカタカナで書きなさい。

① 如［ごと］［シ］二循環之無［キガ］レ端。

訳 円い輪の端がないようなものだ。

② 君子ノ交ハリハ淡キコト若［ごと］［シ］レ水［ノ］。

訳 君子の人づき合いの淡白なことと言ったら水のようだ。

③ 似［に］［タリ］二重ネテ有ルレ憂ヒ者［ニ］一。

訳 重ねて悲しみがある者のようだ。

④ 譬［たと］［ヘバ］如［ごと］［シ］レ平《たいら》カニ［スルガ］レ地ヲ。

訳 たとえて言うと地面を平らにするようなものだ。

⑤ 兄弟ハ猶［な］［ホ］二［ごと］［シ］左右之手［ノ］一。

訳 兄弟はちょうど左右の手のようだ。

解説

1 **「如・若」を「ごとシ」と読み、ひらがなで書き下すことを覚えよう。**

① **「如」**は**「ごとシ」**と読む。「ごとシ」は、**「体言＋ノ」**もしくは**「活用語の連体形＋ガ」**に接続する。「無シ」の連体形**「無キ」**に**「ガ」**をつけた形にする。

読 循環《じゅんかん》の端《はし》無《な》きがごとし。

② **「若」**も**「如」**と同じく、**「ごとシ」**と読む。「…(する)**コト～ノごとシ**」という文の形。

読 君子《くんし》の交《まじ》は《ワ》りは淡《あは》《アワ》きこと水《みづ》《ミズ》のごとし。

③ **「似」**は**「にタリ」**と読む。助動詞**「タリ」**を送ることに注意。

読 重《かさ》ねて憂《うれ》ひ《イ》ある者《もの》に似《に》たり。

④ **「譬」**は**「たとへバ」**と読み、**「たとえて言うと」**などと訳す。これに呼応して文末は**「ごとシ」**で結ぶ。

読 譬《たと》へ《エ》ば地《ち》を平《たひ》《タイ》らかにするがごとし。

⑤ **「猶」**は再読文字で「①**なホ**～②**ごとシ**」と二度読み、比況を表す。

読 兄弟《けいてい》は猶《な》ほ《オ》左右《さいう》《ユウ》の手《て》のごとし。

実戦レベルにトライ 解答

2 次の漢文を書き下し、現代語に訳しなさい。

① [1]士ノ [3]処《を》ルハレ [2]世ニ [8]若シ三 [4]錐《きり》ノ [7]処ルガ二 [5]嚢《なう》 [6]中ニ一。

＊「嚢」は「袋」の意味。

② [1]国 [2]之 [4]有ルハレ [3]乱、レ [5]譬ヘバ [9]若シ二 [6]人ノ [8]有ルガレ [7]疾《やまひ》。

③ [6][1]猶ホ二キ [3]縁《よ》リテレ [2]木ニ [5]求ムルガレ [4]魚ヲ [7]也。

＊「縁」は「よじ登る」の意味。

①	②	③
読 士《し》の世《よ》に処《を》《オ》るは錐《きり》の嚢中《なうちう》《ノウチュウ》に処《を》《オ》るがごとし。	読 国《くに》の乱《みだ》れ有《あ》るは、譬《たと》へ《エ》ば人《ひと》の疾《やまひ》《ヤマイ》有《あ》るがごとし。	読 猶《な》《オ》ほ木《き》に縁《よ》りて魚《うを》《ウオ》を求《もと》むるがごときなり。
訳 優れた人物が世にあるのは錐が袋の中にあるようなものだ。	訳 国に乱れがあるのは、たとえて言うと人の体に病気があるようなものだ。	訳 ちょうど木によじ登って魚をとろうとするようなものだ。

2 何が何にたとえられているのかを明確にし、どのような性質を強調しているのか、正しく解釈しよう。

① 「若」は「**ごとし**」と読み、ひらがなで書き下す。「**士が世の中にある**」ことを、「**錐が袋の中にある**」ことにたとえている。錐の先が自然と袋を突き破って出てくるように、優れた人物は、自然と人よりも抜きん出て、頭角を現すということ。

② 「譬」は「**譬《たと》へば**」と読み、比況であることを強調する。「**国に乱れがある**」ことを、「**人の体に病気がある**」ことにたとえている。病気がやがて全身の機能を損なうように、一部の乱れがやがて国全体を滅ぼすに至ることを述べている。

③ 「**猶**」は再読文字。二度目の読みが「**ごとし**」で、比況を表す。魚を捕ろうとするのに、木によじ登るのはまったくの見当ちがい。このような見当ちがいや方法のまちがいがあって、「**目的を達する見込みがまったくないこと**」をたとえた言葉である。

漢文のツボ

【故】 読 ① ゆゑ／ゆゑニ ② ふるシ ③ ことさらニ ④ もとヨリ 訳 ① 理由・原因／だから ② 古い・もとの ③ わざと・故意に ④ 本来・元来 → ①は名詞／接続詞。②は形容詞。③は副詞。④は副詞。センター試験の問1で問われやすい字。

実力テスト⑥

・比較形・選択形・仮定形・限定形・比況形

書き下し文

貞観中《ぢやうぐわんちう》《ジョウガンチュウ》、西域《せいゐき》《イキ》胡僧《こそう》を献《けん》ず。呪術《じゆじゆつ》もて能《よ》く人《ひと》を生死《せいし》せしむ。太宗《たいそう》飛騎《ひき》中《ちう》《チュウ》に於《お》いて卒《そつ》の壮勇《さうゆう》《ソウ》なる者《もの》を選《えら》び之《これ》を試《こころ》みしむ。言《げん》のごとくして死《し》し、言《げん》のごとくして蘇《よみがへ》《ヨミガエ》る。帝以《ていもつ》て宗正卿傅奕《そうせいけいふえき》に告《つ》ぐ。奕曰《えきい》は《ワ》く、「此《こ》れ邪法《じやはふ》《ホウ》なり。臣邪《しんじや》は正《せい》を干《をか》《オカ》さずと聞《き》く。若《も》し臣《しん》を呪《まじな》は《ワ》しむるも、必《かなら》ず行《おこな》ふ《ウ》こと能《あた》は《ワ》ず」と。帝僧《ていそう》を召《め》して奕《えき》を呪《まじな》は《ワ》しむるに、奕之《えきこれ》に対《たい》して、初《はじ》めより覚《おぼ》ゆる所無《ところな》し。須臾《しゆゆ》にして、胡僧忽然《こそうこつぜん》として自《みづか》《ミズカ》ら倒《たふ》《タオ》れ、物《もの》の撃《う》つ所《ところ》と為《な》る者《もの》のごとし。更《さら》に復《ま》た蘇《よみがへ》《ヨミガエ》らず。

通釈

唐の太宗の貞観年間、西域のある国が胡僧を献上した。この胡僧は呪術により人の生死を思うままに操ることができた。太宗は、近衛軍の中からたくましく勇敢な兵士を選び、胡僧に命じてその兵士に呪術をかけさせた。胡僧の言葉通りに兵士は死んだり、蘇ったりした。太宗はこのことを宗正卿の傅奕に語った。傅奕は、「これは邪法です。私は『邪は正を犯すことはできない』と聞いています。もし陛下が胡僧に命じて私に呪術をかけさせても、絶対にかからないでしょう」と言った。太宗が胡僧を呼び出して傅奕に呪術をかけさせたところ、傅奕はこれに対して、初めから何も感じていなかった。しばらくして胡僧は突然倒れ、まるで何かに打たれたかのようであった。胡僧は二度と生き返らなかった。

解答

❶ ――線Aの現代語訳として適当なものを選び、記号で答えなさい。〔12点〕

① 太宗は、近衛軍団の中からたくましく勇敢な兵士を選び、胡僧に命じてその兵士に呪術をかけさせた。

② 太宗は、近衛軍団の中から呪術に巧みな兵士を選び、その兵士に命じて胡僧の呪術に立ち向かわせた。

③ 太宗は、近衛軍団の中から呪術を恐れない勇敢な兵士を選び、その兵士に命じて胡僧の呪術を学ばせた。

④ 太宗は、近衛軍団の中から呪術に巧みな兵士を選んでその技

解説

❶「卒之壮勇者」とは「たくましく勇敢な兵士」という意味だ。①⑤に絞れる。「令㆘～試㆖之」は、「令㆘胡僧～試㆖之」と「胡僧」を補うとわかりやすい。太宗は胡僧に命じて、「之」を試させたのだ。「之」とは、人の生死を思うままにあやつる胡僧の呪術をさす。①「胡僧に命じてその兵士に呪術をかけさせた」が正解。⑤「その(＝たくましく勇敢な者の)戦闘能力を試させた」は誤り。なお、②④の「呪術に巧みな兵士」、③「呪術を恐れない勇敢な兵士」も――線Aに見当たらない。③「呪術を学ばせた」④

を競わせ、その優劣を胡僧に判定させた。

⑤ 太宗は、近衛軍団の中から胡僧の呪術を用いてたくましく勇敢な者を選び、その戦闘能力を試させた。

①

2 **——線Bの現代語訳として適当なものを選び、記号で答えなさい。**（12点）

① もし胡僧が私に呪術をかけても、かかるとは限らないでしょう。

② もし陛下が私に呪術をかけても、かかるとは限らないでしょう。

③ もし胡僧が私に呪術をかけても、かからないとは限らないでしょう。

④ もし陛下が私に呪術をかけても、絶対にかからないでしょう。

⑤ もし胡僧が私に呪術をかけても、絶対にかからないでしょう。

⑤

「その技を競わせ、その優劣を胡僧に判定させた」も——線Aに合致しない。

2 ——線Bには**使役形**「**使**」、**全部否定形**「**必不**」、**不可能形**「**不能**」が含まれ、これらが選択肢を絞る着眼点となる。中でも**使役形は重要**であるため、これから先に検討しようとする判断は正しい。ただ、各選択肢の該当部はどれも「私に呪術をかけても」と同じであり、使役形では絞れない。

そこで次に**全部否定形**「**必不**」（必ず〜しない）に着目する。①②「かかるとは限らない」、③「かからないとは限らない」は**部分否定形**の訳し方だから誤り。④⑤「絶対にかからない」が**全部否定形**の訳し方だ。

——線B「**若 使㆑呪㆑臣**」は、「もし陛下（太宗）が**胡僧に命じて**私（傅奕）に呪術を**かけさせても**」という意味だ。次の文に「**帝 召㆑僧 呪㆑奕**」（帝僧を召して奕を呪はしむるに）とあることからそれがわかる。すると④「もし陛下が私に呪術をかけても」は誤り。⑤「もし胡僧が私に呪術をかけても」が正解。

漢文のツボ

【事】 読 ① こと ② つかフ ③ ことトス 訳 ① ものごと・できごと・職務・事業・戦争 ② 仕える・先生について学ぶ ③ 従事する・専念する・実践する。→ ①は名詞。②は動詞。③は動詞。文型の視点により「事」の品詞を定め、読み方を決める。

3 **――線Cの現代語訳として適当なものを選び、記号で答えなさい。**〔12点〕

① 胡僧は何かに打たれそうになったので自分から倒れた。
② 胡僧は何かで撃ち殺そうとしているかのようであった。
③ 胡僧はわざと何かを射撃するかのような姿勢をとった。
④ 胡僧はまるで何かを打ち倒したかのようであった。
⑤ 胡僧はまるで何かに打たれたようであった。

⑤

---

3 ――線Cに含まれる**「為A所B」**は**受身形**。**「為ニ物所レ撃」**（物の撃つ所と為る）は「物に撃たれる」という意味。「若」は比況形。――線Cの直訳は「物に撃たれた者のようだ」となる。各選択肢の中でその訳に最も近いものは⑤「まるで何かに打たれたようであった」。正解は⑤。

①「何かに打たれそうになったので自分から」が誤り。
②「何かで撃ち殺そうとしているかのよう」が誤り。
③「わざと何かを射撃するかのような姿勢」が誤り。
④「何かを打ち倒したかのよう」が誤り。

飯塚直伝

基本は、句形をきちんと習得すれば、――線部のどの字が句形に関する字であるかがわかり、選択肢を検討する時間を短縮できる。しかし、この種の問題では、――線に受身形が含まれているからと言って、選択肢の見かけの直訳が受身形になっているものが正解だとは限らない。**直訳をカムフラージュした意訳になっている場合もある**から注意するのが原則だ。

ただし、センター試験では、**見かけの直訳で選択肢を選んでも、正解であることが多い**。「句形の基本的な訳し方に忠実に」という出題者の意識が働いているのかもしれない。試験の残り時間がわずかで、崖《がけ》っぷちまで追い詰められたような場合、**「見かけの直訳を信じる」**という裏技(?)を使うのもよいかもしれない。もちろん、句形などから正解の選択肢がわかった時点で、それ以上は選択肢検討に時間をかけずに、次の設問へと進もう。

4 問題文の内容に合致するものを選び、記号で答えなさい。〔14点〕

① 太宗は、胡僧の呪術が邪法であることを見抜いたので、傅奕に命じて胡僧と対決させた。

② 胡僧の呪術は、太宗までも意のままに操ってしまったが、人々の正しい心の前にはなす術《すべ》がなかった。

③ 胡僧は、太宗の命を受け、呪術によって自分の生き死にを自由に操作できるようになっていった。

④ 傅奕と胡僧の対決は、しばらくの間続いたが、突然胡僧が倒れたことで簡単に決着した。

⑤ 太宗の近衛兵を懲らしめるためにやって来た胡僧だったが、傅奕に対して手も足もでなかった。

④

---

4 問題文のあらすじを確認しよう。問題文をしっかりと読み取れただろうか。

・胡僧は呪術で人の生死を操ることができた。
・太宗は胡僧に命じて兵士に呪術をかけさせた。
・胡僧は兵士の生死を操った。
・傅奕は胡僧の呪術を邪法とし、傅奕は呪術にかからないと進言した。
・太宗は胡僧を呼んで傅奕に呪術をかけさせようとした。
・傅奕は呪術にかからず、胡僧は倒れた。

これと合致しない部分を含む選択肢を消去すれば、残ったものが正解だ。④以外の選択肢は、上段〰〰部が本文と合致しない。

正解は④。

漢文のツボ

【所】

読 ① ところ ② ～スルところ ③ ～る・～らル 訳 ① 場所 ② ～する人／事物／場所／理由 ➡ ①は名詞。②は助詞。動詞(句)の前において、それを体言化する働きをする。「所＋動詞(句)」で主語、目的語、修飾語、前置詞の目的語などになれる。③は受身の助動詞。

25 抑揚形

基本をチェック 解答

1 次の［　］に読みがなをひらがなで、□に送りがなをカタカナで書きなさい。

① 臣〔スラ〕猶［な］〔ホ〕知レル之ヲ、況［いは］〔ンヤ〕於レおイテヲ君ニ乎［や］。

訳 私でさえこれを知っているのだから、ましてわが君《きみ》ならなおさらだ。

② 天地〔スラ〕尚［な］〔ホ〕不レ能ハレ久シクスル、而［しか］〔ル〕〔ヲ〕況［いは］〔ンヤ〕於レイテヲ人ニ乎。

訳 天地でさえも永久に不変であることはできないのだから、まして人はなおさらだ。

③ 禽《きん》獣《じう》〔スラ〕且［か］〔ツ〕知レル恩ヲ、人安［いづ］クンゾ不レラン知レラ恩ヲ哉［や］。

訳 鳥や獣でさえ恩を知っているのだから、人がどうして恩を知らずにいてよいだろうか。いや、知らずにいてよいわけがない。

解説

1 **前半で軽い・低い例をあげ、後半を強調する抑揚の形に慣れよう。**

① 「**Aスラなホ B、いはンヤC二於イテヲや**」となる**抑揚**の形。「C二於イテヲや」は「Cヲヤ」を強めた言い方で、「於イテ」を無理に訳す必要はない。文末は「況ンヤ」に呼応して終助詞「や」で結ぶ。

読 臣《しん》すら猶《な》ほ《オ》之《これ》を知《し》る、況《いは》んや《イワ》君《きみ》に於《お》いてをや。

② 前半の「**抑**」の部分と「**況ンヤ**」以下の後半「**揚**」の部分の間に接続を表わす「**而**」が置かれている。「**而**」はこの場合「**しかルヲ**」と読む。無理に訳さなくてよい。

読 天地《てんち》すら尚《な》ほ《オ》久《ひさ》しくする能《あた》はず《ワ》、而《しか》るを況《いは》んや《イワ》人《ひと》に於《お》いてをや。

③ 後半の「**揚**」の部分に**反語**の表現が用いられている。「**安**」は、ここでは「**いづクンゾ**」と読み、「**どうして**」と訳す。反語なので文末は「**ンや**」で結ぶ。

読 禽獣《きんじう》《ジュウ》すら且《か》つ恩《おん》を知《し》る、人安《ひといづ》くんぞ《イズ》恩《おん》を知《し》らざらんや。

実戦レベルにトライ 解答

2 次の漢文を書き下し、現代語に訳しなさい。

① [1]子《スラ》[2]且《ツ》[3]然《しかリ》、[4]況《ンヤ》[5]高[6]綱《ヲ》[7]乎。

＊「子」は「あなた」の意味。「高綱」は話し手自身の名。

② [1]庸[2]人《スラ》[3]尚《ホ》[5]羞《ヅ》レ[4]之《ヲ》、[6]況《ンヤ》[9]於《イテ》二[7]将[8]相《ニ》一[10]乎。

＊「庸人」は「普通の人」の意味。「将相」は「将軍や大臣」の意味。

③ [4]以《テスラ》二[1]獣《ノ》[2]相《ヒ》[3]食《ラフヲ》一、[5]且《ツ》[6]人[8]悪《にくム》レ[7]之《ヲ》。

	①	②	③
読	子《し》すら且《か》つ然《しか》り、況《いは》《イワ》んや高綱《たかつな》をや。	庸人《ようじん》すら尚《な》ほ《オ》之《これ》を羞《は》づ《ズ》、況《いは》《イワ》んや将相《しやうしやう》《ショウショウ》に於《お》いてをや。	獣《けもの》の相《あ》ひ《イ》食《く》らふ《ウ》を以《もつ》てすら、且《か》つ人之《ひとこれ》を悪《にく》む。
訳	あなたでさえそうなのだから、まして高綱はなおさらそうだ。	普通の人でさえこれを恥じるのだから、まして将軍や大臣はなおさら恥じる。	獣が互いに食い合うのさえ、人はこれを憎む。

2 後半の「揚」の部分がなおさらどうだというのか、しっかり把握しよう。

① 「子」はここでは、「あなた」の意味。「然り」は「そうである」の意味の動詞。「抑」の部分は「あなたでさえそうなのだから」という意味。「揚」の部分は「(私)高綱はなおさらそうだ」という意味。文末の「乎」を「や」と読むのを忘れないようにしよう。

② 「普通の人でさえ恥じるのだから、(地位があって、人の上に立つ)将軍や大臣はなおさら恥じる」ということ。「於いて」を「大臣や将軍においては」などと、訳に反映させる必要はない。「尚」は「なホ」と読み、「且つ」と同じく、訳出する必要はない。

③ 「況ンヤ」以下の後半の「揚」の部分が同一文中にない形。「動物がお互いに食い合うことさえ人は憎む」の後「まして人が食われることはなおさら憎む」の部分が省略されている。

漢文のツボ

【所謂】

読 いはゆる　訳 世に言う・世に言うところの・いわゆる

➡ 読みの「ゆる」は上代(奈良時代)の受身の助動詞「ゆ」の連体形。「所謂」を直訳すれば「言われる」。

26 累加形

基本をチェック 解答

1 次の［　］に読みがなをひらがなで、□に送りがなをカタカナで書きなさい。

① 不［ず］二独［ひと］リ人《じん》間《かん》ノ夫ト与ノミナラレ妻、
近代ノ君臣モ亦［ま］タ如シレ此《かく》ノ。

訳 ただ世間の夫と妻とのあり方だけでなく、近い時代の君臣のあり方もまたこのようなものだ。

② 非［あら］ズ二徒［た］ダニ無［な］キノミニレ益、
而《しか》モ又害スレ之ヲ。

訳 ただ役に立たないだけでなく、害を及ぼしもするのだ。

③ 埋ムルレ骨ヲ豈［あ］ニ唯［た］ダニ墳墓ノ地ノミナランヤ。

訳 骨を埋める地は、どうして故郷の墓地だけだろうか。いや、故郷の墓地だけではない。

解説

1 限定の副詞「唯（惟・徒など）」「独」の読みを覚え、これを否定することで累加の意味になることを覚えよう。

① 「独」は「ひとリ」と読み、これに呼応する語に「ノミ」を送り、限定を表す。さらに、これを否定して累加の意味にするために、「ノミナラ」と未然形にし、「ず」を接続させ、否定する。累加形では、つけ加える意味の「まタ」が用いられることが多い。

読 独《ひと》り人間《じんかん》の夫《ふ》と妻《さい》とのみならず、近代《きんだい》の君臣《くんしん》も亦《ま》た此《か》くのごとし。

② 「徒」は「ただ」と読み、限定を表すが、否定される場合には「ただニ」と「二」をつけ、強調する。これを「あらズ」で否定して、累加の意味にする。「而」を逆接の「しかモ」と読み、つけ加えられる内容を述べる。

読 徒《た》だに益無《えきな》きのみに非《あら》ず、而《しか》も又之《またこれ》を害《がい》す。

③ 「豈」は「あニ」と読み反語を表す。これに呼応して文末は「ンヤ」で結ぶが、訳から限定の意味をつけ加え「ノミナランヤ」と送る。「唯」は「ただニ」と読む。「二」を忘れないように注意。

読 骨《ほね》を埋《うづ》《ウズ》むる豈《あ》に唯《た》だに墳墓《ふんぼ》の地《ち》のみならんや。

実戦レベルにトライ 解答

2 次の漢文を書き下し、現代語に訳しなさい。

① [7]不三 [1]惟《ダニ》 [6]有二《ルノミナラ》 [2]超 [3]世 [4]之《の》 [5]才一、[8]亦《タ》 [9]必《ズ》 [16]有二《リ》 [10]堅 [11]忍 [12]不 [13]抜 [14]之 [15]志一。

② [7]非二《ズ》 [1]特《ダニ》 [2]其《ノ》 [3]末《すゑ》 [4]見《ルル》《あらは》 [5]而 [6]已一《ニ》。

③ [1]豈《ニ》 [2]唯《ダニ》 [4]怠レ《ルノミナランヤ》 [3]之《ヲ》、[5]又 [6]従《ヒテ》 [×]而 [8]盗レ《ム》 [7]之《ヲ》。

	①	②	③
読	惟《た》だに超世《てうせい》《チョウ》の才《さい》有《あ》るのみならず、亦《ま》た必《かなら》ず堅忍不抜《けんにんふばつ》の志《こころざし》有《あ》り。	特《た》だに其《そ》の末《すゑ》《スエ》見《あらは》るるのみに非《あら》ず。	豈《あ》に唯《た》だに之《これ》を怠《おこた》るのみならんや、又従《またしたが》《イ》ひて之《これ》を盗《ぬす》む。
訳	ただ世に抜きん出た才能があるばかりでなく、またどんなことにも耐え抜く志がある。	ただその末端が現れるだけではない。	どうしてただこれを怠るだけだろうか。いや、さらに盗みもするのだ。

2 「唯」にはさまざまな同義字があるので注意しよう。

① 「惟」は「**惟《た》だに**」と読み、**限定**を表す。「**超世之才**」は同じ時代に並ぶ者がないほど優れていること。「**堅忍不抜**」は意志が固く、がまん強いこと。

② 「**特**」も「**特《た》だに**」と読む字で、これと呼応する「**ノミ**」が送りがなではなく、文末の「**而已**」(↓本冊 p.66)で表されている。これが「**非ず**」で否定され、**累加形**となっている。つけ加えられる内容は省かれている。

③ 「**豈《あ》に〜んや**」と**反語形**で「**唯《た》だに怠《おこた》るのみ**」を否定している。反語形で訳そう。「**又**」以下がつけ加えられている内容。「**而**」は、ここでは接続を表しているものの、読まない置き字。

漢文のツボ 【以為】

読 ① おもヘラク〜ト ② もっテ〜トなス　訳 ① 思うには ② 〜だと思う

→「以〜為〜」は「〜ヲもっテ〜トなス」と読み、「〜を〜と思う」と訳す。その省略形が「以為〜」で、①②の二通りの読み方ができる。

27 願望形

基本をチェック 解答

1 次の［　］に読みがなをひらがなで、□に送りがなをカタカナで書きなさい。

① 請［こ］［フ］以レテ剣ヲ舞［ハン］。

訳 どうか剣を使って舞わせてください。

② 王請［こ］［フ］勿［な］［カレ］レ疑［フコト］レ我ヲ。

訳 王様、私の言うことを疑ってはいけません。

③ 願［ねが］［ハクハ］得［え］［ン］二君ノ狐《こ》白《はく》裘《きう》ヲ一。

訳 あなたの持っている白いキツネの皮衣をもらいたい。

④ 幸［ねが］［ハクハ］分《わ》カタレ［ヨ］二我ニ一桮《ぱい》ノ羹《かう》ヲ一。

訳 どうか私にそのスープを一杯分けてください。

解説

1 **文末が「未然形＋ン」なら自分の願望、「命令形」なら相手への願望。**

① 「請」は「こフ」と読み、もとは願い出るという意味。**自分がしたいなら、**文末は「**未然形＋ン**」に、**相手にしてほしいなら命令形になる。**訳から自分が舞うことを望んでいるので、「舞**ハン**」となる。「ン」は**意志の助動詞。**

読 請《こ》ふ《ウ》剣《けん》を以《もつ》て舞《ま》は《ワ》ん。

② ここでは、**相手に対する願望（禁止）**を表しているので、「疑**フコト**」勿**カレ**」と、文末を命令形にする。

読 王《わう》《オウ》請《こ》ふ《ウ》我《われ》を疑《うたが》ふ《ウ》こと勿《な》かれ。

③ 「願」は「**ねがハクハ**」と読む。「請ふ」「願ふ」ともに、ハ行の活用であることに注意。「手に入れる」という自分の動作を望んでいるので、文末は「**未然形＋ン**」。

読 願《ねが》はくは君《きみ》の狐白裘《こはくきう》《キュウ》を得《え》ん。

④ 「幸」は「願」の同義字で「**ねがハクハ**」と読む。「分けてください」と**相手に対して望んでいる**ので、文末は**命令形**となる。動詞「分かつ」の**未然形**に**尊敬の助動詞**「**ル**」がついており、「**ル**」の**命令形**は「**レヨ**」となる。

読 幸《ねが》はくは《ワ》我《われ》に一桮《いつぱい》の羹《かう》《コウ》を分《わ》かたれよ。

実戦レベルにトライ 解答

2 次の漢文を書き下し、現代語に訳しなさい。

① [1]王、[2]請フ[6]無レカランコトヲ[5]好二ムコト[3]小[4]勇一ヲ。

② [1]願ハクハ[4]為二リテ[2]黄《くわう》[3]鵠《こく》一ト[×]兮[7]還二ラン[5]故[6]郷一ニ。

③ [4]冀二フ[1]復タ[3]得レンコトヲ[2]兎《うさぎ》ヲ。

＊「黄鵠」は鳥の一種。

	読	訳
①	王《わう》《オウ》、請《こ》ふ小勇《せうゆう》《ウショウ》を好《この》むこと無《な》からんことを。	王様、どうかつまらない勇気を好まないでください。
②	願《ねが》《ワ》はくは黄鵠《くわうこく》《コウ》と為《な》りて故郷《こきやう》《キョウ》に還《かへ》《カエ》らん。	黄鵠となって故郷に飛んで帰りたいなあ。
③	復《ま》た兎《うさぎ》を得《え》んことを冀《こひねが》《コイネガウ》ふ。	またウサギを手に入れたいと願う。

2 **書き下し文から、自分の願望なのか、相手への願望なのか判断し、正しく訳し分けよう。**

① 文末に「ン」がなく、**命令形**でもない。しかし、「**無からんことを請ふ**」という本来の語順を**倒置**して、「**請ふ無からんことを**」と願望の気持ちを強調している。「王」と呼びかけており、相手に対する**願望**として訳す。通常、相手への願望を表す場合、**命令形**を用いるが、相手が「王」であるため、「**無からんことを**」と**丁寧**な言い回しにしている。

② 「**願はくは**」で始まっており、文末が「**還らん**」と「**未然形＋ン**」になっていて、自分の願望を表す**願望形**とわかる。

③ もともと願望形は、漢文を書き下すときの基本語順を**倒置**して、「**請**」「**願**」「**冀**」などの動詞を真っ先に読み、願望の気持ちを強調する形である。

A [4]請二[2]以レ[1]剣[3]舞一 → 剣《けん》を以《もつ》て舞《ま》《ワ》はんことを請《こ》《ウ》ふ 〈基本の語順〉

B [1]請[3]以レ[2]剣[4]舞 → 請《こ》《ウ》ふ剣《けん》を以《もつ》て舞《ま》《ワ》はん 〈倒置された語順〉

右のAのように基本の語順で書き下すことも当然可能であり、③はこの基本の語順で書き下す例。

漢文のツボ

【聞道】 読 きクナラク 訳 聞くところによれば ➡「らく」は上代（奈良時代）の接尾語で、動詞を体言化する働きがある。「〜ことには」と訳す。「曰はく」の「く」も同じく体言化接尾語。「曰はく」は「言うことには」と訳す。

28 詠嘆形

基本をチェック 解答

1 次の［　］に読みがなをひらがなで、□に送りがなをカタカナで書きなさい。

① ［ああ］唉、豎《じゅ》子《し》［ず］不レ足［ラ］二与《とも》ニ謀《はか》ルニ一。

訳 ああ、若僧、お前とともに大事をたくらむことなどできない。

② 自ラ喩《たの》シミ適《かな》［ヘル］レ志ニ［かな］与。

訳（夢の中で蝶になった）自分の境遇を楽しみ、何とも気持ちが伸びやかになったものだ。

③ 来タルコト［なん］何［ゾ］疾《はや》［キ］［や］也。

訳 来ることのなんとはやいことか。

④ ［あ］豈［ニ］［ず］不二誠ノ大丈夫［ナラ］一［や］乎。

訳 なんと優れた大人物ではないか。

解説

1 **文末の助字や疑問・反語形で感動を表す用法に注意。**

① 「唉」は「**ああ**」と読む**感動詞**。これが文頭にあるので、話し手の**詠嘆**や**感情を強めた訳**にする。「**ああ**」と読む感動詞は一般的に「**嗚呼**」で代表されるが、同義字が多い。もう一度確認しておこう（→本冊 p.78）。「足」の**未然形**は「たり」ではなく「**たラ**」。注意しよう。

読 唉《ああ》、豎《じゅ》子《し》与《とも》に謀《はか》るに足《た》らず。

② 訳から、**感動**の意味をつけ加えるように読みを考える。文末の「**与**」は「**かな**」と読み、「**適へ**」は「適フ」の**已然形**。「**ル**」は**存続の助動詞**「**り**」の**連体形**。「**かな**」は**連体形**に接続する。

読 自《みづか》ら喩《たの》しみ志《こころざし》に適《かな》へ《エ》るかな。

③ 「**なんゾ〜や**」で、感動を表している。「**也**」を「**や**」と読むことに注意。「**や**」が接続するので、「はやシ」は**連体形**「**はやキ**」となる。

読 来《き》たること何《なん》ぞ疾《はや》きや。

④ 「**あニ〜ずや**」となる**詠嘆形**。**反語形**は「**あニ〜ざランや**」となり、区別する必要がある。「**ず**」には**未然形**が接続するので、助動詞「**ナリ**」を**未然形**「**ナラ**」と活用させる。

読 豈《あ》に誠《まこと》の大丈夫《だいぢやうぶ》《ジョウ》ならずや。

実戦レベルにトライ 解答

2 次の漢文を書き下し、現代語に訳しなさい。

① [1]嗚[2]呼[3]哀《かな》シイ[4]哉。

② [1]吏ノ[2]呼ブ[3]一《いつ》ニ[4]何ゾ[5]怒《はげ》シキ。[6]婦ノ[7]啼《な》ク[8]一ニ[9]何ゾ[10]苦《はなは》ダシキ。

③ [1]仁[2]以テ[5]為ス二[3]己ガ[4]任ト一、[8]不二[6]亦タ[7]重カラ一[9]乎。

	読	訳
①	嗚《あ》呼《あ》哀《かな》しいかな。	ああ悲しいなあ。
②	吏《り》の呼《よ》ぶ一《いつ》に何《なん》ぞ怒《はげ》しき。婦《ふ》の啼《な》く一《いつ》に何《なん》ぞ苦《はなは》だしき。	役人が呼ぶ声のなんと激しいことか。女性の泣く声のなんとひどいことか。
③	仁《じんもつ》以て己《おのれ》が任《にん》と為《な》す、亦《ま》た重《おも》からずや。	仁に努めることを自分の任務とする、なんとたいへんなことではないか。

2 **何に感動しているのか、何を強調しているのかを的確に読み取ろう。**

① 文頭の感動詞と文末の助字、両方を用いている例。「嗚呼」の読み・意味は「**ああ**」。「哉」は「**かな**」と読み、ひらがなで書き下す。「**ああ〜だなあ**」と訳す。

② 「**何ゾ**」と**連体形**（「**怒《はげ》しき**」「**苦《はなは》だしき**」）で感動を表す。本来、「**何ゾ＋連体形＋や**」という形だが、文末の助字が省略されている。ここでの「一」は「**いつニ**」と読み、「なんと」「まったく」の意味。

③ 「**亦**」は「**亦《ま》た**」と読み、「**また〜ずや**」で「**なんと〜ではないか**」と訳す詠嘆形。句形と対応する訳を覚えてしまおう。詠嘆は、文末が「**〜ず(や)**」となる点に注意。

漢文のツボ

【於レ是】

→ 読 ここニおイテ　訳 そこで・こうして
接続詞。「是」は「これ」ではなく、「ここ」と読む。「是」には「これ」「ここ」「この」「ぜ」などの読み方がある。

実力テスト⑦

・抑揚形・累加形・願望形・詠嘆形

書き下し文

牛《うし》を盗《ぬす》む者《もの》有《あ》り、牛《ぎう》《ギュウ》主《しゆ》之《これ》を得《う》。盗《たう》《トウ》者《しや》曰《い》は《ワ》く、「我《われ》邂《かい》逅《こう》迷《めい》惑《わく》す。今《いま》より已《い》後《ご》将《まさ》に過《あやまち》を改《あらた》むるを為《な》さんとす。子《し》既《すで》に已《すで》に赦《しや》宥《いう》《ユウ》す。幸《ねが》は《ワ》くは王《わう》《オウ》烈《れつ》をして之《これ》を聞《き》かしむること無《な》かれ」と。人《ひと》以《もつ》て烈《れつ》に告《つ》ぐる者《もの》有《あ》り、烈《れつ》布《ぬの》一《いつ》端《たん》を以《もつ》て之《これ》に遺《おく》る。或《ある》ひと問《と》ふ《ウ》、「此《こ》の人《ひと》既《すで》に盗《たう》《トウ》を為《な》し、君《きみ》の之《これ》を聞《き》くを畏《おそ》るるに、反《かへ》《カエ》りて之《これ》に布《ぬの》を与《あた》へ《エ》たるは、何《なん》ぞや」と。烈《れつ》曰《い》は《ワ》く、「昔《むかし》秦《しん》の穆《ぼく》公《こう》、人《ひと》其《そ》の駿《しゆん》馬《め》を盗《ぬす》みて之《これ》を食《くら》ふ《ウ》に、乃《すなは》《スナワ》ち之《これ》に酒《さけ》を賜《たま》ふ《ウ》。盗《たう》《トウ》者《しや》其《そ》の死《し》を愛《を》《オ》しまずして、以《もつ》て穆《ぼく》公《こう》の難《なん》を救《すく》ふ《ウ》。今《いま》此《こ》の盗《ぬす》人《びと》能《よ》く其《そ》の過《あやまち》を悔《く》い、吾《われ》の之《これ》を聞《き》くを懼《おそ》るるは、是《こ》れ悪《あく》を恥《は》づ《ズ》るを知《し》ればなり。悪《あく》を恥《は》づ《ズ》るを知《し》れば、則《すなは》《スナワ》ち善《ぜん》心《しん》将《まさ》に生《しやう》《ショウ》ぜんとす。故《ゆゑ》《ユエ》に布《ぬの》を与《あた》へ《エ》て善《ぜん》を為《な》すを勧《すす》むるなり」と。

通釈

牛を盗む者がいて、飼い主がこの泥棒を捕らえた。泥棒は言った、「私はふとしたはずみで心に迷いが生じました。今後は自分の過ちを認めようと思います。あなた様は私の罪をお許しくださいました。どうかこのことを王烈さんに知らせないでください」と。ところが、ある人がこのことを王烈に話してしまった。すると王烈は布一端を泥棒に贈った。ある人が王烈に問いただした、「あの男はすでに盗みを働き、あなたに知られることを恐れていたのに、逆に泥棒を責めることなく、わざわざ布まで恵んでやったのは、いったいどういうわけですか」と。すると王烈は言った、「昔、秦の穆公と言う君主がおられた。ある者が穆公の駿馬を盗み、その馬を食べてしまうことがあったが、何と穆公はその盗人に酒を賜ったのである。(感激して改心した)盗人は己の命を惜しまず、穆公を災難から救出した。さて、かの牛泥棒は己の犯した過ちを悔い、私に知られることを恐れたという。悪事を働くことが恥であると悟っているからである。悪事を恥と思うなら、善良な心もやがてきざすことであろう。だからあの男に布を贈り、今後は善行を積むように促したのだ」と。

解答

1 ――線Aは「幸《ねが》はくは王烈をして之《これ》を聞かしむること無かれ」と書き下す。これにしたがって返り点をつけたものとして適当なものを選び、記号で答えなさい。〔10点〕

① 幸無㆓使王烈聞㆒㆑之
② 幸無㆘使㆓王烈㆒聞㆖之
③ 幸無㆑使㆓王烈聞㆒之
④ 幸無㆑使㆓王烈㆒聞㆑之
⑤ 幸無㆑使㆓王烈聞㆒㆑之

⑤

解説

1 書き下し文が与えられているから、さほど難しくない。返り点の規則にしたがって考えればよい。「**聞 之**」を「**之を聞か**」と読むためには「**聞㆑之**」と**レ点**を入れる。「**使～聞**」を「**聞かしむる**」と読むためには「**使㆓～聞㆒**」と一二点を入れる。「**無 使**」を「**しむること無かれ**」と読むためには「**無㆑使**」とレ点を入れる。正解は⑤。

飯塚直伝

――線Aには、重要な使役形「使」が含まれる。「使」につけるべき返り点は「使㆓AB㆒」とパターンが決まっている。使役形につけられた返り点に着目すると要領よく選択肢を絞れることが多い。

上の**1**では「使㆓AB㆒」のAに相当するのが「王烈」(人物)、Bに相当するのが「聞㆑之」である。ABを読み切ってから「使」に返るはずだから、②④のように「王烈」(人物)に返り点をつけている選択肢は誤り。①のように「使」に返り点がついていない選択肢も誤り。①②④は誤りだとすぐにわかる。

漢文のツボ

【以㆑是】

読 ① これヲもっテ　訳 ① このことによって・このことから・これを

→接続詞。「是」は「ここ」ではなく、「これ」と読む。「是」は指示語で、上の文の一部を指す。

2 ――線Bの現代語訳として適当なものを選び、記号で答えなさい。〔15点〕

① 盗みを働いた人に償わせず、被害者に布を渡すことで納得させたのは、一体どういうわけですか。

② 盗みを働いた人を罰せずに、口止めに布をあたえて家に帰したのは、一体どういうわけですか。

③ 盗みを働いた人を改心させ、自分から布を差し出すようにさせたのは、一体どういうわけですか。

④ 盗みを働いた人を責めることなく、わざわざ布まで恵んでやったのは、一体どういうわけですか。

⑤ 盗みを働いた人が嫌がるのに、布を贈って褒めたたえようとしたのは、一体どういうわけですか。

④

3 ～～線a・bの「之」はそれぞれ何を指すか。その組み合わせとして適当なものを選び、記号で答えなさい。〔10点〕

① a 駿馬　b 盗人を捕らえた人

② a 駿馬　b 駿馬

③ a 駿馬　b 駿馬を盗んだ人

④ a 駿馬を盗んだ人　b 盗人を捕らえた人

⑤ a 駿馬を盗んだ人　b 駿馬

⑥ a 駿馬を盗んだ人　b 駿馬を盗んだ人

③

---

2 ――線Bの「之」と前の4行めの「此《ノ》人」とは、本文1行めの「盗《ム》レ牛《ヲ》者」を指す。「王烈」は牛を盗んだ者になんと布を与えた。「或《あるヒト》」は「王烈」の行動を意外に思ったから、――線Bのように問うたのである。④「盗みを働いた人を責めることなく、わざわざ布まで恵んでやったのは、一体どういうわけですか。」が正解。

① 「被害者に布を渡すことで納得させた」が誤り。王烈は「牛を盗んだ者」に布を与えたのである。

② 「口止めに布を与えて」が誤り。「牛を盗んだ者」に口止めを渡す必要はもとよりない。

③ 「自分から布を差し出すようにさせた」が誤り。「王烈」が「牛を盗んだ者」に布を与えたのである。

⑤ 「盗みを働いた人が嫌がるのに」が誤り。牛を盗んだ者は王烈に知られることを恐れたが、布を贈られることを嫌がってはいない。

3 ～～線aの「之」は直前の「駿馬」を指す。秦の穆公の時代に、ある者が駿馬を盗んで、食べてしまったのである。ここから選択肢①②③に絞れる。選択肢④⑤⑥では、「駿馬を盗んだ人」を食べたことになってしまう。

～～線bの「之」は「駿馬を盗んだ人」を指す。「穆公」は駿馬を盗まれたにもかかわらず、盗んだ者に酒を下さったのだ。正解は③。このため、直後の文にあるように、盗んだ人は感激して改心し、「穆公」を災難から救い出したのだ。「王烈」が牛を盗んだ者に布を与えたのと似たできごとである。

4 ――線Cの理由として適当なものを選び、記号で答えなさい。〔15点〕

① 駿馬を盗んでみたものの、それを嘆き悲しむ穆公の様子に憐れみを感じたから。
② 穆公の駿馬を盗んだにもかかわらず、思いがけず寛大な処遇を受け感激したから。
③ 多くの駿馬を持つ穆公にとっては、一頭ぐらい失っても何でもないと思ったから。
④ 穆公の駿馬を盗んだ以上、いつかはつかまって殺される運命にあると思ったから。
⑤ 命をかけて穆公を助ければ、駿馬を盗んだ罪も大目に見てもらえると思ったから。

〈センター試験〉

②

---

4 ――線Cは「己の命を惜しまずに」という意味。3でみたように、穆公は自分の馬を盗んだ人に逆に酒を下さった。馬を盗んだ人はこの寛大な処置に感激して改心し、穆公を災難から救い出すために自分の命を省みなかったのである。穆公の処置に**感激して改心した**という点がポイント。正解は②。

①「嘆き悲しむ穆公の様子に憐れみを感じた」が誤り。穆公は嘆き悲しむどころか、駿馬を盗んだ人に酒を下さった。

③「一頭ぐらい失っても何でもないと思った」とは書かれていない。

④「いつかはつかまって殺される運命にあると思った」が誤り。馬を盗んだ者は改心して、穆公を救い出したのである。

⑤「駿馬を盗んだ罪も大目に見てもらえると思った」が誤り。馬を盗んだ者は改心して、穆公を救い出したのである。牛を盗んだ者も駿馬を盗んだ人もその過ちを悔い改めた。「王烈」は「穆公」にならって、牛を盗んだ者に布を与えたのである。

漢文のツボ

【是以】 読 ここヲもっテ　訳 こういうわけで・それで　→ 接続詞。「是」は「これ」ではなく「ここ」と読む。「是」は上の文の内容全体を指す。

「於レ是」「以レ是」「是以」は頻出語。読み、訳の違いを確実に覚えること。

29 重要助字①

実戦レベルにトライ 解答

1 次の漢文を書き下し、現代語に訳しなさい。

① [1]参《しん》[2]乎《や》、[3]吾ガ[4]道ハ[5]一《いつ》[6]以テ[8]貫レク[7]之ヲ。

＊「参」は呼びかけている相手の名。

② [1]爾《なんぢ》ハ[3]為レリ[2]爾、[4]我ハ[6]為レリ[5]我。

③ [1]放《はう》[2]辟《へき》[3]邪《じや》[4]侈《し》、[7]無レキ[6]不レル[5]為サ[8]已。

＊「放辟邪侈」は勝手気ままでやりたい放題の意味。

④ [1]漢[2]皆[3]已ニ[5]得レタル[4]楚ヲ[6]乎。

＊「漢」「楚」はいずれも国名。

⑤ [2]於レイテ[1]是《ここ》ニ[3]項[4]王[5]乃《すなは》チ[10]欲三ス[6]東ノカタ[9]渡二ラント[7]烏《う》[8]江《かう》一ヲ。

＊「項王」は人名。「烏江」は川の名。

⑥ [1]千[2]里[3]之[4]行モ[7]始二マル[×]於[5]足[6]下一ヨリ。

⑦ [1]力[3]不レシテ[2]足ラ、[4]才ノ[5]美[8]不二[6]外ニ[7]見一ハレ。

⑧ [1]桃《たう》[2]李《り》[4]不レドモ[3]言《ものい》ハ、[5]下[6]自ヅカラ[8]成レス[7]蹊《みち》ヲ。

＊「李」は「すもも」の意味。

解説

1 **複数の意味・用法を持つ字に注意。前後からどんな意味・用法なのか見分けよう。**

① 「**乎**」は「**や**」と読み、「**〜よ**」と**呼びかけ**を表す。「**以**」は「**もつテ**」と読み、「**〜で**」と訳す。問題文は孔子の言葉で、自分の進む道は「忠恕（思いやりと真心）」だけに貫かれているということ。

② 「**為**」は「**たり**」と読み、**断定**を表す。同じ断定の助動詞に「なり」があり、「**為**」の読みに「**なル**」があるが、これは動詞。混同しないように注意しよう。

③ 「**已**」は文末にあって「**のみ**」と読み、**限定**を表す。「**為**」は、「**なス**」と読み、「**する**」の意味。「**無レ不レ為**」は二重否定で、「**しないことはない**」となる。

④ 「**已**」は、送りがな「**ニ**」から「**すでニ**」と読むと判断する。「**乎**」は文末にあって「**か**」と読み、**疑問**を表す。

⑤ 「**於**」は「**おイテ**」と読み、**場所・時間**を表す。「**於レ是**」で「**ここニおイテ**」と読み、「**そこで**」などと訳す。

「**乃**」は「**すなはチ**」と読む**接続語**。条件が整って出現したことや、内容が転じることを表す。ここでは、**条件が整って出現したこと**を表し、「**そこで**」「**そうして**」といった訳

①	読 参《しん》や、吾《わ》が道《みち》は一《いつ》以《もつ》て之《これ》を貫《つらぬ》く。	訳 参よ、私の進む道は一つのことで貫かれている。
②	読 爾《なんぢ》《ナンジ》は爾《なんぢ》《ナンジ》たり、我《われ》は我《われ》たり。	訳 お前はお前で、私は私だ。
③	読 放《はう》《ホウ》辟《へき》邪《じや》侈《し》、為《な》さざる無《な》きのみ。	訳 勝手気ままでやりたい放題、しないことはないぐらいだ。
④	読 漢《かん》皆《みな》已《すで》に楚《そ》を得《え》たるか。	訳 漢の軍勢はすでに楚の国を手に入れたのか。
⑤	読 是《ここ》に於《お》いて項王《かうわう》《コウオウ》乃《すなは》《スナワ》ち東《ひがし》のかた烏《う》江《かう》《コウ》を渡《わた》らんと欲《ほつ》す。	訳 そこで項王は東へ向かい烏江を渡ろうとした。
⑥	読 千里《せんり》の行《かう》《コウ》も足下《そくか》より始《はじ》まる。	訳 千里の道のりも自分の足元から始まる。
⑦	読 力《ちから》足《た》らずして、才《さい》の美《び》外《そと》に見《あら》は《ワ》れず。	訳 力を出し切れないで、才能のすばらしさが外に表れない。
⑧	読 桃李《たうり》《トウ》言《ものい》は《ワ》ざれども、下自《したおの》づ《ズ》から蹊《みち》を成《な》す。	訳 桃《もも》やすももはものを言わないが、その木の下には自然と道ができる。

になる。

⑥ ここでの「**於**」は**置き字**。起点を表していて、「足下ヨリ」の「**ヨリ**」に意味が反映されている。

⑦「**見**」も多義の字の一つ。「**ハレ**」という送りがなから「**あらハレ**」と読むと判断しよう。古語では「あらはる」で**ラ行下二段活用**なので注意。

⑧「**自**」は「**おのヅカラ**」と読み、「**自然と**」の意味。モモやスモモの木には、花を見に自然と人が集まり、地面が踏み固められ、道ができる、ということ。人望のある人のもとには、強いて呼びかけなくても、自然と人が集まることをたとえて言う。

漢文のツボ

【所以】

読 ゆゑん　訳 a いわれ・わけ・理由・原因・手段　b ～するところのもの・～するためのもの

↓ aは名詞。bは動詞の前に置いて、それを体言化する働きをする。

30 重要助字②

実戦レベルにトライ　解答

1 次の漢文を書き下し、現代語に訳しなさい。

① [2]結レビテ[1]廬《いほり》ヲ[5]在二リ[3]人[4]境一ニ、[6]而モ[10]無二シ[7]車[8]馬ノ[9]喧《かまびす》一シキ。

＊「喧」は「うるさい」の意味。

② [1]若シ[3]反《かへ》レラバ[2]国ニ[7][4]将レニ[6]為レサント[5]乱ヲ。

③ [6]不レ[5]若三カ[1]人ゴトニ[4]有二スルニ[2]其ノ[3]宝一ヲ。

④ [1]縦ヒ[2]江[3]東ノ[4]父[5]兄[6]憐レミテ[×]而[8]王レトストモ[7]我ヲ、[9]我[10]何ノ[11]面[12]目アリテ[14]見レエン[13]之ニ。

⑤ [1]歳《とし》[2]寒クシテ、[3]然ル[4]後ニ[10]知二ル[5]松《しょう》[6]柏《はく》[7]之[9]後レルルヲ[8]彫《しぼ》ムニ[×]也。

＊「柏」は「コノデガシワ」のこと。「也」は読まない。

⑥ [1]民[2]之[4]従レフ[3]之ニ[5]也[6]軽シ。

⑦ [1]子ハ[6]非二ズ[2]三《さん》[3]閭《りよ》[4]太《たい》[5]夫《ふ》一ニ[7]与。

＊「三閭太夫」は官位の名。

解説

1 **複数の意味・用法を持つ字に注意。前後からどんな意味・用法なのか見分けよう。**

① 「**而**」に注目。「モ」が送りがなになっていて、**置き字**ではないとわかる。ここでは「**しかモ**」と読み、**逆接**を表していて「**しかし**」などと訳す。

② 「**若シ**」は「**ごとシ**」とも「**もシ**」とも読める。ここでは、文の先頭でまず最初に読むこと、「**反ラバ**」と仮定条件を表す「**バ**」があることから、「**もシ**」と読む仮定形(→本冊p.64)の用法と判断できる。

③ 「**若**」に送りがな「**カ**」がついていて、「**不**」に返って読んでいることに注意。ここでは「**しカず**」と読む比較形(→本冊p.60)。「**〜には及ばない**」と訳すのが基本。

④ 「**縦**」は「**たとヒ**」と読み、**仮定**を表す副詞(→本冊p.65)。これを受ける語に「**トモ**」と送り、「**たとえ〜しても**」と**逆接の仮定条件**を表す。

⑤ 「**然**」は、「**しかル**」と読み、連体形で「**後**」が接続している形。「**しかルのち**」で「**そのあと**」という意味になる。直前の「**知ル**」は終止形。寒さが厳しくなって他の植物がしおれたり、枯れたりしてはじめて、「松柏」が緑を保ってい

	読	訳
①	廬《いほり》《イオリ》を結《むす》びて人境《じんきやう》《キョウ》に在《あ》り、而《しか》も車馬《しやば》の喧《かまびす》しき無《な》し。	庵を作って人里に住む、しかし、訪れる人の車や馬がうるさいということはない。
②	若《も》し国《くに》に反《かへ》《カエ》らば将《まさ》に乱《らん》を為《な》さんとす。	もし故国に帰ったら反乱を起こそうとするだろう。
③	人《ひと》ごとに其《そ》の宝《たから》を有《いう》《ユウ》するに若《し》かず。	人ごとにそれぞれの宝を持つのには及ばない。
④	縦《たと》ひ《イ》江《かう》《コウ》東《とう》の父兄《ふけい》憐《あは》《アワ》れみて我《われ》を王《わう》《オウ》とすとも、我何《われなん》の面《めん》目《もく》ありて之《これ》に見《まみ》えん。	たとえ江東の父兄が憐れんで私を王としても、私はどんな面目があって彼らに会えるだろうか。いや、会えなどしない。
⑤	歳《とし》寒《さむ》くして、然《しか》る後《のち》に松柏《しようはく》の彫《しぼ》むに後《おく》るるを知《し》る。	寒い季節になって、その後はじめて松やコノテガシワがまだしおれていないことに気づく。
⑥	民《たみ》の之《これ》に従《したが》ふ《ウ》や軽《かる》し。	民衆がこれに従うことはたやすい。
⑦	子《し》は三閭太夫《さんりよたいふ》に非《あら》ずや。	あなたは三閭太夫ではないのか。

ることに気づく、ということ。人も困難な状況におかれてはじめて、その人の真価がはっきりするということをたとえて言う。

⑥ 「**也**」は、ここでは「**や**」と読み、**主語を提示する**用法。「民衆がこれに従うことは」と主語を示す助詞として、訳に反映させる。

⑦ 文末の「**与**」は、「**か**」「**や**」と読み、**疑問**を表す用法と、「**かな**」「**か**」と読み、**詠嘆**を表す用法がある。「非《あら》ズ」は終止形なので、ここでは「**や**」と読み、**疑問**を表す用法。どの活用形に接続しているかに注意しよう。

終止形
非ず——や

連体形
非ざる——か・かな

漢文のツボ

【謂】

読 ① いフ ② おもフ・おもヘラク 訳 ① 言う ② 思う・思うことには ➡ ①は動詞。②も動詞。「いフ」と読む字には「曰」「云」「言」「道」「謂」などがある。「曰」「云」は用法が近く、「いはク」とも読まれる。「言」「道」は用法が近い。

実力テスト⑧

・重要助字

書き下し文

張《ちやう》《チョウ》鄧公嘗《とうこうかつ》て予《われ》に謂《い》《イ》ひて曰《い》《ワ》はく、「某進士《それがししんし》に挙《あ》げられし時《とき》、寇莱公《こうらいこう》と同《とも》に相《しやう》《ショウ》国寺《こくじ》に遊《あそ》び、前《すす》みて一卜肆《いちぼくし》に詣《いた》る。卜者《ぼくしや》曰《い》《ワ》はく、『二人《ににん》は皆宰《みなさい》相《しやう》《ショウ》なり』と。既《すで》に出《い》で、張相《ちやうしやう》《チョウショウ》斉賢《せいけん》・王相《わうしやう》《オウショウ》随《ずい》に逢《あ》《イ》ひ、復《ま》た往《ゆ》きて之《これ》に詣《いた》る。卜者大《ぼくしやおほ》《オオ》いに驚《おどろ》きて曰《い》《ワ》はく、『一日《いちじつ》の内《うち》、四人《よにん》の宰《さい》相《しやう》《ショウ》有《あ》り』と。相顧《あひかへり》《アイカエリ》みて大《おほ》《オオ》いに笑《わら》《イ》ひて退《しりぞ》く。是《これ》に因《よ》りて卜者《ぼくしや》は声望《せいばう》《ボウ》日《ひ》に消《き》え、亦《ま》た復《ま》た人《ひと》の之《これ》に問《と》《ウ》ふこと有《あ》らず、卒《つひ》《ツイ》に窮餓《きうが》《キュウ》して以《もつ》て死《し》す」と。四人《よにん》は其《そ》の後《ご》皆宰《みなさい》相《しやう》《ショウ》と為《な》り、共《とも》に之《これ》が為《ため》に伝《でん》を作《つく》らんと欲《ほつ》すれども、未《いま》だ能《あた》《ワ》はざるなり。其《そ》の人《ひと》亦《ま》た哀《あは》《アワ》れむべきかな。

通釈

張鄧公が以前に私に語ったことには、「自分が官吏登用試験の受験資格者に選抜された時、寇莱公と一緒に相国寺を散策し、ある占いの店にたどりついた。占い師が言うに、『お二人は共に宰相となられましょう』と。その店を出てから、張斉賢と王随の二人に出会い、再び占いの店に行った。占い師は大いに驚いて『一日のうちに四人の宰相（となるべき人物）が店に来られた』と言う。四人は互いに顔を見合わせながら（そんなことはあり得ないと）大笑いしてその場を退いた。ところが、このために占い師の評判は日ごとに悪くなり、その後は二度と占ってもらおうとする客もなく、（占い師は）とうとう困窮して餓死してしまったのだ」と。四人はその後皆宰相となり、皆で協力してあの占い師のために伝記を書こうとしたのだが、まだ書き著すことができないでいる。この占い師は実に哀れむべき人物であることよ。

解答

1 ——線Aについて、「卜者」はどのようなことを告げたのか。その説明として適当なものを選び、記号で答えなさい。〔15点〕

① 張鄧公と寇萊公の二人は宰相の経験者であるということ。
② 張鄧公と寇萊公の二人は宰相の地位まで至るということ。
③ 張鄧公と寇萊公の二人は宰相の役職についているということ。
④ 張鄧公と寇萊公の二人は宰相に劣らない人望があるということ。
⑤ 張鄧公と寇萊公の二人は宰相としての見識を備えているということ。

②

解説

1 まず、問題文のあらすじを確認しよう。

・張鄧公と寇萊公が占ってもらったところ「二人は共に宰相になられましょう」と告げられた。
・張斉賢と王随を加えた四人で再度占い師を訪ねたところ「一日のうちに四人の宰相（となるべき人物）が店に来られた」と言われた。
・四人はあり得ないことだと大笑いして店から退いた。
・占い師の評判は悪くなり、ついに困窮して餓死した。
・四人はその後皆宰相となった。

さて、——線Aの後「**二人皆宰相也**」を直訳すれば「**二人は共に宰相である**」となる。「張鄧公」はまだ「進士」で出世の緒についたばかりであり、占い師の言葉だから、**将来を暗示しているのだ**と把握させるのがこの設問の意図。占い師の言葉は「（将来）二人は宰相の地位に至る」という意味である。正解は②。

問題文の7行目には「**四人其後皆為宰相**（四人はその後皆宰相になり）」とある。実は占い師の言葉は的中していたのだ。

漢文のツボ 【遺】

読 ① すツ ② のこス・のこル ③ わすル ④ おくル 訳 ① 捨てる・見捨てる ② 残す・残る ③ 忘れる ④ 送る・贈る
→ ①〜④とも動詞。「遺」（ケン）との違いに注意。「遺」は「つかはス」「やル」「しム」と読む。

2 ——線Bについて、「卜者」の占いに対する張鄧公たちのどのような反応を述べたものか。その説明として適当なものを選び、記号で答えなさい。〔15点〕

① 占いの内容があまりにもめでたいので、お世辞にしてもとても気が利いていると思い、幸先がよいと笑って大喜びした。

② 占いの内容があまりにも似通っているので、不思議なことだと思いながらも、とても縁起がよいとうれしそうに笑いあった。

③ 占いの内容があまりにも当たっているので、わざと身分を隠して占わせたことをきまり悪く思い、笑ってその場を取り繕った。

④ 占いの内容があまりにもよすぎるので、かえってあり得ないと思い、へつらいしか言わない占い師だと笑って取り合わなかった。

⑤ 占いの内容があまりにも期待はずれなので、受け入れる気持ちにはなれず、当てにならない占い師だとあざ笑って問題にしなかった。

④

3 ——線Cは「亦た復た人の之に問ふこと有らず」と書き下す。これにしたがって返り点をつけたものとして適当なものを選び、記号で答えなさい。〔10点〕

① 亦 不レ 復 有二 人 問一レ 之

② 亦 不二 復 有レ 人 問一レ 之

③ 亦 不二 復 有一レ 人レ 問レ 之

---

2 ——線Bは「（張鄧公ら四人は）互いに顔を見合わせながら、大笑いしてその場を退いた。」と訳される。四人がこのように反応した理由を考える。常識的に考えて、四人がそろって宰相になることはあり得ない。だから、四人は**大笑いして**、**真に受けなかった**のである。6行目に、占い師の評判が悪くなり、ついに困窮して餓死したとある。世間もまた、ばかばかしい占いだと思ったのだ。占いの内容を「**あり得ない**」としている④が正解。

①「気が利いている」「幸先がよい」が誤り。

②「あまりにも似通っている」「縁起がよい」が誤り。

③「あまりにも当たっている」が誤り。「身分を隠して」とは書かれていない。

⑤「期待はずれ」が誤り。期待をはるかに超える占いの内容であった。

3 書き下し文から読む字の順番がすぐわかる。読む順番は「**亦**→**復**→**人**→**之**→**問**→**有**→**不**」となる。「**問 之**」を「**之に問ふ**」と読むためには**レ点**を入れる。さらに「**問**」から「**有**」へ二字返るので**一二点**を用いる。「**問**」にはレ点と一点を合わせた**レ点**がつく。「**有**二↑**問**一レ」からさらに「**不**」へ返るには、すでにつけた一二点の続きで**三点**をつけ、「**不**三↑**有**二↑**問**一レ」とする。正解は⑤。

④ 亦不二復有一レ人問レ之

⑤ 亦不三復有二人問一レ之

⑤

4 ——線Dの書き下し文として適当なものを選び、記号で答えなさい。〔10点〕

① 共に之が為《ため》に伝を作らんと欲すれども、未だ能《あた》はざるなり。

② 共に之が為に伝を作らんと欲すれども、未だ能ふべけんや。

③ 共に之を為《な》して伝を作らんと欲するは、未だ能はざらんや。

④ 共に之を為して伝を作らんと欲するは、未だ能《よ》くするなり。

⑤ 共に之を為して伝を作らんと欲すれども、未だ能くせざるなり。

〈センター試験〉

①

飯塚直伝

——線部の冒頭(または冒頭近く)に否定の助字「不」があったら、それが以下の文の全部にかかるのか、途中の部分までにかかるのかを考えよう。❸のように全部にかかることが多い。

4 正解は①。まず各選択肢の相違点を見つけ出そう。各書き下し文は文の途中に「、」(読点)がついていて、直前の読みが「**ども**」または「**は**」となっている。そこで、——線Dの前半と後半を訳すと、前半「占い師のために伝記を書こうとした」、後半「まだ書き著すことができないでいる」となる。前半と後半とは**逆接の接続助詞**で結ぶのが適切とわかり、「**ども**」としている①②⑤に絞れる。

次に「**為 之**」に注目する。「占い師のために」という意味とわかれば、「**之が為に**」と読むとわかり、①②に絞れる。さらに①②の文末に注目すると、②の「べけ(助動詞「べし」)」に相当する語が——線Dには存在しない。正解は①と決まる。

飯塚直伝

着眼点がよいと選択肢をすばやく絞れる。❹のように、文の途中の切れめ(読点の直前)、文末に手がかりがあることが多い。切れめの前半と後半の関係をきちんと把握して、選択肢を検討しよう。

漢文のツボ

【易】 読 ① かフ・かハル ② やすシ 訳 ① 代える・改める・改まる ② 簡単だ・たやすい ➡ ① 「かフ」「かハル」の場合の音読みは「エキ」(貿易・交易)。② 「やすシ」の場合の音読みは「イ」(容易・安易)。センター試験の問1で出題された字。

31 漢詩

基本をチェック 解答

1 次の詩を読み、後の問いに答えなさい。

桂*林荘雑詠 示《ス》二諸生《ニ》一　広瀬淡窓

休《ヤメヨ》レ道《いフコトヲ》他郷多《シト》二苦 ア 一

同*《どう》袍《はう》有《リ》レ友 自《おのヅカラ》相 イ《シム》

柴*《さい》扉《ひ》暁《ニ》出《いヅレバ》霜如《シ》レ雪《ノ》

君《ハ》汲《くメ》二川流《ヲ》一我《ハ》拾《ハン》レ ウ《ヲ》

語注
*桂林荘＝私塾の名。
*同袍＝同じ、一つの綿入れ。同じ綿入れを共有するほどの親しい間柄。
*柴扉＝枝で作った粗末な扉。

問一 この詩の詩形を答えなさい。

七言絶句

問二 ア イ ウ に入る漢字として適当なものを選び、記号で答えなさい。

① 親　② 辛　③ 新　④ 薪　⑤ 臣

ア ②　イ ①　ウ ④

実戦レベルにトライ 解答

2 次の詩を読み、後の問いに答えなさい。

解説

1 詩形の種類、押韻《おういん》の決まりは必ず覚えよう。

読　桂林荘雑詠《けいりんさうざつえい》《ソウ》　諸生《しよせい》に示《しめ》す　広瀬淡窓《ひろせたんさう》《ソウ》

道《い》ふを休《や》めよ他郷《たきやう》《キョウ》苦辛《くしん》多《おほ》《オオ》しと／同袍《どうはう》《ホウ》友《とも》有《あ》り自《おの》づから相親《あひした》《アイ》しむ／柴扉《さいひ》暁《あかつき》に出《い》づれば霜雪《しもゆき》のごとし／君《きみ》は川流《せんりう》《リュウ》を汲《く》め我《われ》は薪《たきぎ》を拾《ひろ》はん

訳　桂林荘雑詠　塾生諸君に示す　広瀬淡窓

言うのはやめよう、故郷を離れて苦労が多いと／綿入れを分け合うような友があり、自然と互いに親しくなる／早朝に粗末な扉を出ると、外は霜がおりて雪のようだ／君は川の水を汲め、私は薪を拾おう

問一 一句の字数は**七字**なので「**七言**」。句の数は**四句**なので「**絶句**」。「**七言絶句**」が正解。

問二 七言詩の**第一句**と**偶数句末**で押韻を成立させる問題。選択肢はすべて「シン」と読むので、各句の内容から考える。**ア**は「**苦**□を言うな」という内容から、「苦」に近い意味と見当をつけ、②「**辛**」を選ぶ。**イ**は送りがな「**シム**」がヒント。①「**親**」が入り、「**したシム**」と読む。**ウ**は、朝の炊事に必要な「川の水を汲み」「□を拾う」から、④「**薪**」が正解。

遊ブ二山西ノ村一ニ　　陸游

莫カレレ笑フコト農家ノ*臘《らふ》酒《しゆ》ノ渾《にご》レルヲ
豊年ナレバ留《とど》ムルニレ客ヲ足レリ二鶏豚一
山重水複疑フニレ無キカトレ路《みち》
柳暗花明又一村
*簫《せう》鼓《こ》追随シテ*春社近ク
衣冠簡朴ニシテ古風[ア]セリ
従リレ今若シ許サバ二閑《ひま》ニ乗ズルヲレ月ニ
挂《つ》キテレ杖《つゑ》ヲ無クレ時ト夜叩《たた》カンレ門ヲ

語注
*臘酒＝十二月に仕込んで、正月に飲む酒。
*簫鼓＝笛や太鼓。
*春社＝豊作を祈る春の祭。

問一 [ア]に入る漢字として適当なものを選び、記号で答えなさい。

①看　②食　③招　④宴　⑤存

⑤

問二 第七・八句ではどのようなことを言っているのか、適当なものを選び、記号で答えなさい。

① 暇があって月夜が好きなら、お前もこの村を訪れてみるといい。
② 月夜を待つほど暇でないのなら、今晩にでもまた来てください。
③ 月光が、暇を持て余して夜訪ねてくる客のように射している。
④ 許されるなら、今度は月見を理由にこの村を訪れたいものだ。

④

---

2 **押韻は句中の読みにかかわらず、音読みで判断する。**

読
山西《さんせい》の村《むら》に遊《あそ》ぶ　　陸游《りくいう》
笑《わら》ふこと莫《な》かれ農家《のうか》の臘酒《らふしゆ》の渾《にご》れるを／豊年《ほうねん》なれば客《かく》を留《とど》むるに鶏豚《けいとん》足《た》れり／山重水複路無《さんちようすいふくみちな》きかと疑《うたが》ふに／柳暗花明又一村《りうあんかめいまたいつそん》／簫鼓追随《せうこついずい》して春社近《しゆんしやちか》く／衣冠簡朴《いくわんかんぼく》にして古風存《こふうそん》せり／今より若《も》し閑《ひま》に月《つき》に乗《じよう》ずるを許《ゆる》さば／杖《つゑ》を挂《つ》きて時《とき》と無《な》く夜門《よるもん》を叩《たた》かん

訳
山の西の村に遊ぶ　　陸游
笑わないでください、農家の作り置きの酒が濁っているのを／豊作の年なので、鶏や豚は客をもてなすのに十分です／山が重なり、川が交わり、この先道がないのではないかと疑っていると／柳は茂って暗く、花は咲いて明るいところにまた村が一つある／笛や太鼓の音が後から追いかけてきて、春の祭りが近く／村人の身なりは素朴で、古風な趣がある／これから、暇にまかせて、月見を理由にするのを許してくれるなら／杖をついて、時間も定めず、夜にあなたの家の門を叩きますよ

問一 問題の詩は**七言律詩**。第一句の末尾の漢字の音読みは「**渾**《こん》(kon)」。[ア]を除く偶数句末の漢字の音読みは「**豚**《とん》(ton)」「**村**《そん》(son)」「**門**《もん》(mon)」。「**-on**」という読みで押韻が成立している。選択肢の中で「-on」という読みなのは⑤「**存**《そん》」のみ。

問二 訳を参照。第一・二句は村人の言葉、第三・四句は村へ至る道のり、第五・六句は村の様子、第七・八句は**作者の言葉**で**再訪を希望する**内容を述べている。適当なのは④。

漢文のツボ

【盍】

読 ①おほフ　②けだシ　③なんゾ〜ざる　訳 ①覆う　②思うに・たぶん・そもそも　③どうして〜しないのか
↓ ①は動詞。②は副詞。③は副詞／助動詞(打消)で再読文字。「盇」に通じる。「盇」のほうが一般的。

実力テスト⑨
・漢詩

書き下し文

春江《しゆんかう》《コウ》　(唐《たう》《トウ》)白居易《はくきよい》

① 炎《えん》涼《りやう》《リョウ》昏《こん》暁《げう》《ギョウ》苦《はなは》だ推《すゐ》《スイ》遷《せん》し
② 覚《おぼ》えず忠州《ちうしう》《チュウシュウ》に已《すで》に二年《にねん》
③ 閣《かく》を閉《と》ざして只《た》だ聴《き》く朝《てう》《チョウ》暮《ぼ》の鼓《つづみ》
④ 楼《ろう》に上《のぼ》りて空《むな》しく望《のぞ》む往《わう》《オウ》来《らい》の船《ふね》
⑤ 鶯《あう》《オウ》声《せい》に誘《いう》《ユウ》引《いん》せられて花《くわ》《カ》下《か》に来《き》たり
⑥ 草《さう》《ソウ》色《しよく》に勾《こう》留《りう》《リュウ》せられて水《すゐ》《スイ》辺《へん》に坐《ざ》す
⑦ 唯《た》だ春江《しゆんかう》《コウ》の看《み》れども未《いま》だ厭《あ》かざる有《あ》り
⑧ 砂《すな》を縈《めぐ》り石《いし》を遶《めぐ》りて緑《みどり》潺《せん》湲《ゑん》《エン》たり

通釈

春の長江　(唐)白居易

① 暑さと寒さ、夜と昼がどんどんと移り変わり、
② いつの間にか忠州に来てから早くも二年が過ぎた。
③ 建物に閉じこもってはただ朝夕の時刻を知らせる太鼓の音に耳を傾け、
④ 高楼に上っては長江を往き来する船を眺めて時を過ごすだけだ。
⑤ 今日、私はウグイスの鳴き声に誘われて花の下にやって来て、
⑥ 柔らかに萌え出た春草の色に引きとめられて川のほとりに座った。
⑦ 眼前にある春の長江だけはいつまで眺めても見飽きることがなく、
⑧ 砂にまつわり石をめぐって緑の川水はさらさらと流れている。

解答

❶ **この詩は七言律詩である。押韻している字として適当なものを選び、記号で答えなさい。**〔10点〕

① 遷　年　船　湲
② 年　船　辺　湲
③ 遷　年　船　厭　湲
④ 遷　年　船　辺　湲
⑤ 年　船　辺　厭　湲

④

❷ **第③、第④句が対句になっていることに留意しつつ、第④句の書き**

解説

❶ 問題の詩は**七言律詩**。漢詩の規則により、七言詩は**偶数句末**に加えて**第一句末**も**押韻**する。正解は④。「遷・年・船・辺・湲」はすべて「-en」の韻を持つ。

❷ 正解は①。**対句**となっている二句は**文構造が同じ**だから、**返り点のつけ方も同じ**になるのが通例。第③句と同じ順に第④句を読めば、「往来船」は「往来の船」と読むべきで、①②③に絞れる。「空望」は「只だ聴く」にそろえて「空しく望む」と読む。

下し文として適当なものを選び、記号で答えなさい。〔10点〕
① 楼に上りて空しく望む往来の船
② 楼に上りて空望するや往来の船
③ 楼に上りて空より望めば往来の船
④ 楼を上りて空しく望めば船往来す
⑤ 楼に上りて空より望めば船往来す

①

3 第⑤句の「鶯声」と第⑥句の「草色」はどのような観点に基づく対比の表現か。適当なものを選び、記号で答えなさい。〔10点〕
① 歓喜と悲哀　② 抽象と具象　③ 聴覚と視覚
④ 時間と空間　⑤ 微視的と巨視的

③

4 この詩の内容を述べたものとして適当なものを選び、記号で答えなさい。〔20点〕
① 楼上から往き来する船を眺めては、自分も早くあの船に乗って都に帰りたいという願いを表明している。
② 鶯の声を久しぶりに聞く懐かしさとともに、岸辺の花が性急に散り落ちる様子を述べ、惜春の情を強調している。
③ 朝夕の太鼓の音を聞き、にぎやかな村の様子を見るにつけ、空しく傍観するだけの現在の自分を残念に思っている。
④ 春夏秋冬が目まぐるしく移り変わり、心ならずも忠州で二年間を過ごしてしまった無念の情を訴えようとしている。
⑤ 現状に不満を抱きつつも、のどかで美しい春の川べりで日ごろの憂さを忘れて自然にひたる作者の心境がうかがえる。

〈センター試験〉

⑤

漢文のツボ【女】
読 ① をんな・むすめ ② めあハス ③ なんぢ　訳 ① 女・娘 ② 嫁がせる ③ お前・あなた。
➡ ①は名詞。②は動詞。③は代名詞。「なんぢ」と読む字には、爾・汝・女・而・若・乃などがある。

飯塚直伝
八句から成る律詩では、第三句と第四句、第五句と第六句とが対句を構成する。この詩の第③句と第④句とは返り点のつけ方が同じだ。同様にして、第⑥句の返り点のつけ方を知りたければ、第⑤句を参照すればよい。

3 「鶯声」（ウグイスの鳴き声）は**聴覚**から、「草色」は**視覚**から作者を魅了している。正解は③。

4 正解は⑤。作者は忠州に左遷されて来た。第③句「閤を閉ざして」、第④句「空しく望む」から、作者が現状に不満を抱くことが読み取れる。しかしながら、第⑤句以下ではのどかで美しい川べりで憂さを忘れて自然にひたる作者の心境が詠まれている。
①「あの船に乗って都に帰りたい」とは詠まれていない。
②「岸辺の花が性急に散り落ちる様子」は描かれていない。
③「にぎやかな村の様子」は描かれていない。
④「無念の情」ばかりではない。第⑤句以下で憂さを忘れた作者の心境が描かれている。

総合問題

〈センター試験対策特別講座〉

書き下し文

始《はじ》め余《よ》丙子《へいし》の秋《あき》を以《もつ》て、宛丘南門《ゑんきうなんもん》《エンキュウ》の霊通禅刹《れいつうぜんさつ》の西堂《さいどう》に寓居《ぐうきよ》す。是《こ》の歳《とし》の季冬《きとう》、手《てづか》《テヅカ》ら両海棠《りやうかいだう》《リョウ ドウ》を堂下《だうか》《ドウ》に植《う》う。丁丑《ていちう》《チュウ》の春《はる》に至《いた》り、時沢《じたく》屢《しばしば》至《いた》り、棠茂悦《だうもえつ》《ドウ》するなり。仲春《ちうしゆん》《チュウ》、且《まさ》に華《はな》さかんとす。余常《よつね》に与《とも》に飲《の》む所《ところ》の者《もの》と約《やく》し、且《か》つ美酒《びしゆ》を致《いた》して、将《まさ》に樹間《じゆかん》に一酔《いつすい》せんとす。是《こ》の月《つき》の六日《むいか》、予《よ》謫書《たくしよ》を被《かうむ》《コウム》り、治行《ちかう》《コウ》して黄州《くわうしう》《コウシュウ》に之《ゆ》く。俗事紛然《ぞくじふんぜん》とし、余《よ》も亦《ま》た居《きよ》を遷《うつ》し、因《よ》りて復《ま》た花《はな》を省《かへり》《カエリ》みず。黄《くわう》《コウ》に到《いた》りて且《まさ》に周歳《しうさい》《シュウ》ならんとす。寺僧《じそう》の書《しよ》来《き》たりて、花《はな》の自如《じじよ》たるを言《い》ふ《ウ》。余《よ》因《よ》りて思《おも》ふ《ウ》に、茲《こ》の棠《だう》《ドウ》の植《う》ゑ《エ》し所《ところ》は、余《よ》の寝《しん》を去《さ》ること十《じつ》《ジュッ》歩《ぽ》と無《な》く、隣《りん》里親戚《りしんせき》と一飲《いちいん》して之《これ》を楽《たの》しまんと欲《ほつ》せば、宜《よろ》しく必《かなら》ず難《かた》きこと無《な》きを得《う》べきなり。然《しか》れども至《いた》るに垂《なんなん》として之《これ》を失《うしな》ふ《ウ》。事《こと》の知《し》るべからざること此《か》くのごとし。今棠《いまだう》《ドウ》を去《さ》ること且《まさ》に千里《せんり》ならんとし、又《ま》た身《み》は罪籍《ざいせき》に在《あ》りて、其《そ》の行止《かうし》《コウ》は未《いま》だ自《みづか》《ミズカ》ら期《き》すること能《あた》《ワ》はざれば、其《そ》の棠《だう》《ドウ》に于《お》いては未《いま》だ遽《には》《ニワ》かには見《み》るを得《え》ざるなり。然《しか》れども均《ひと》しく知《し》るべからざるに于《お》いては、則《すなは》《スナワ》ち亦《ま》た安《いづ》《イズ》くんぞ此《こ》の花《はな》の忽然《こつぜん》として吾《わ》が目前《もくぜん》に在《あ》らざるを知《し》らんや。

通釈

始め私は丙子の年（紹聖三年）の秋に、宛丘の南門のそばの禅宗の寺霊通寺の西堂に仮住まいした。この年の十二月、自分の手を煩わして二本の海棠の木を堂のそばに植えた。丁丑の年（紹聖四年）の春、時宜を得た雨がよく降り、海棠は盛んにしげり成長した。二月には、今にも花が咲きそうだった。私はいつもいっしょに酒を飲む人と約束し、よい酒を取り寄せ、二本の海棠の間でしばし酒に酔おうとしていた。この月の六日、私は左遷の文書を送りつけられ、旅支度をして黄州におもむいた。世の中が騒がしくなり、私もまた住居を移して、それきり花を見ることもなかった。黄州に移ってもうすぐ一年になろうとしている。霊通寺の僧から手紙が来て、花はもとのままだと言う。私はその手紙から思い出すに、この海棠を植えたところは、私の寝室から十歩と離れておらず、隣近所の人や親戚としばし酒を飲んでこの花を楽しもうと思えば、何の妨げもなく楽しめるはずだったのだ。しかしながら、今にもそれが実現しようとしたときに、その機会を失ってしまった。これから先に起こる事を予測できないのは、このようである。今、海棠の木から離れること千里はあるかと思われ、また身は罪に問われ処分を受けている立場にあって、出処進退をまだ自分の望むとおりに決めることができないのだから、その海棠については近いうちに見ることができるなどとまだまだ期待できない。しかしながら、幸も不幸も同じようにあらかじめ知ることができないということは、すなわちまた、どうしてこの花が思いがけず私の目の前に存在することがないと分かるだろうか。

解答

問1 (1) ③　(2) ②　問2 ①　問3 ③　問4 ③
問5 ②　問6 ④　問7 ③　問8 ⑤

解説

問1

(1) 海棠を植えたのである。「手」は直後の動詞「植」を修飾する副詞。「**てづから**」と読み、「**自分の手で**」という意味だ。③「手記」が**副詞＋動詞**の構造で「**自分の手で書く**」という意味だから正解。①は「ひと」、②は「て」、④は「技能」、⑤は「方法」という意味。

(2) 海棠を愛でながら酒を飲もうと約束したのである。「致」は動詞で「美酒」はその目的語だから、酒を「**取り寄せる**」の意味だ。②「招致」は「招」「致」ともに「**招き寄せる**」の意味で、これが正解。①は「おもむき、風格」、③は「きわまり」、④は「ありさま」「集める」、⑤は「むね」「意味」の意味。

飯塚直伝

漢字一字には複数の意味があるのが通常で、その意味の違いを見分けさせるのがこの種の設問だ。どんな訓読みができるか、どんな熟語を作るか、日頃から漢字に幅広く注意を払うよう心がけよう。

問2 ――線Aは、筆者が植えた海棠が時宜を得て降る雨に盛んに茂り成長している、という内容だ。――線Aの後には「今にも花が咲きそうだ」「海棠を眺めながら知人と酒を飲む約束をした」と述べられていることから、筆者は**海棠の花が咲くのを心待ちにし、現在の生活に満足している様子**がうかがえる。正解は①。

② 「今年の豊作を予感し」以下が述べられていない。

③ 「退屈を覚え」が誤り。筆者は満足している。

④ 「春の雨に筆者は閉口してしている」とは述べられていない。

⑤ 「前途への不安」が述べられていない。黄州への左遷はこの後起きることであり、予想外のことだった。

問3 「**不復**」は**部分否定**(→本冊 p.39)で「**また～ず**」と読み、「**二度と～ない**」、「**それきり～ない**」の意味。――線Bは「**それきり～ない**」の意味。選択肢が部分否定形を正しく訳しているかに注目し、③「それきり～なかった」と⑤「二度と～なかった」に絞る。「省」は「かへりみる」と読み、「注意してよく見る」という意味だから、正解は③。

① 部分否定形を「ふたたび～なった」と訳しているから誤り。「人に委ねる」も誤り。

② 「もう一度～できなかった」が誤り。「移し替える」も誤り。

④ 「またも～果たせなかった」が誤り。

⑤ 「花を咲かせることができなかった」が誤り。

漢文のツボ【中】

読 ① なか　② あたル・あツ　訳 ① なか・内側　② あたる・あてる

→ ①は名詞。②は動詞。熟語例「的中・命中・中毒・中傷」。「あたル」は自動詞でラ行四段活用。「あツ」は他動詞でタ行下二段活用。

問4　6行目「周歳」は満一年。黄州に移ってもうすぐ一年になろうというときに、筆者は霊通寺の僧から手紙を受け取った。その手紙には「**花の自如たる**」(花が以前と同じように花を咲かせた)旨が書かれてあったから、**季節は春である**。正解は③。

事態の経過を整理しよう。

・一〇九六年(丙子)秋　霊通寺に仮住まい。
・一〇九六年季冬(十二月)　海棠を植える。
・一〇九七年仲春(二月)　黄州へ移る。
・一〇九八年春　霊通寺の僧から手紙を受け取る。

問5　正解は②。「**隣里親戚**」は「隣近所や親戚」という意味の名詞。「**与**」は名詞の前に立つ前置詞で、**下から返って「と」と読む返読文字**だ。さらにその後には「**一飲**」「**楽**」という動詞が続く。「**之**」は動詞「**楽**」の目的語だ。「隣里親戚と一飲して之を楽しむ」と読める。冒頭の「**欲**」は、**それ全体を修飾している**と考える。これで大まかな構造がつかめた。「**楽**」から「**欲**」へは、「**楽しまんと欲す**」と活用させて読む。これでおよその読み方は決まる。これに合致するのは②だ。「**而**」は置き字で読まない。⑤は、②と返り点のつけ方が同じだが、「**与**」を「与えて」と読むのは誤り。これでは意味が通じない。

文構造を問う問題であり、文型の知識が基礎となる。本冊p.8で文型を再確認しておこう。

飯塚直伝

一概には言えないが、「欲」が文頭にある場合には、それ以下の文を修飾していることが多い。このような文構造のパターンは過去問や模試の問題をたくさん解いていくうちに、自然と身についてきて、あまり理詰めで考えなくても解けてしまうようになる。

このためにも、問題用紙にあまり目を近づけすぎてはいけない。「木を見て森を見ず」の状態に陥る。問題用紙から目を離し、漢字一字ずつのつながりだけではなく、文全体の構造を大まかに捉える視点も重要だ。

問6　——線Eの「**事**」について「**如レ此**」(**このようだ**)と言っているから、「事」の具体的内容は——線Eよりも前に示されているとわかる。「事」は——線Eの前の二つのセンテンスを指す。「**不レ可レ知**」は「**知ることができない**」という意味。筆者は隣近所の人々や親戚と酒を飲んで花を楽しむつもりだったが、予想外の左遷に遭ってその機会を失ってしまった。それは**予測できない**ことであった。正解は④。

問7　「**安**」には「**いづクニカ**」「**いづクンゾ**」という読みがある。「**安**」の次に「**知**」という動詞があるから、「**安**」は「どうして」の意味と考えて「いづくんぞ」と読む。——線Fの前に「**于レ不レ可レ知**」(**予測できないことについては**)とあるから、「**安 知**」を「安くんぞ知らんや」(どうして知ることができるだろうか)と反語形に読む。選択肢は③⑤に絞れる。⑤は「私の目の前から不意に存在しなくなる」という解釈が誤り。文章の流れから、筆者は海棠の花をまた見ることができるかもしれない、と**期待を抱いている**と考えて、③が正解。

問8 正解は⑤。センター試験の最後の設問は**問題文全体の理解**を問う設問と決まっている。選択肢の一部だけを見て、要領よく選択肢を絞ることができないことも多い。**消去法で不適切な選択肢を消していく**のが定石だ。

① 「宗教的修行を積んだ人間への敬意を深め」以下の部分が問題文中に述べられていない。

② 「花への執着を捨てられない自分を嫌悪し」の部分が誤り。「将来に対して悲観的になっている」も誤り。10行め——線Fが正しく解釈できていれば、将来への希望を捨てていないことがわかる。

③ 「人々から交際を断たれるという体験を通して人を信じられなくなったが」の部分が本文中に述べられていない。

④ 「現状から早く脱出したいと思いながらも何もできないと、焦燥感に駆られている」が、本文の最後の——線Fの内容と合致しない。

飯塚直伝

センター試験の国語は現代文二題、古文一題、漢文一題の四題からなる。単純計算すれば一題につき二〇分だが、漢文に二〇分かけないようにしたい。過去問や模試を解くと誰でも実感することだが、現代文と古文は、問題文が長く、選択肢の検討にも漢文より時間がかかる。センター試験で失敗しないコツは、**漢文にはできるだけ時間をかけず、なおかつ確実に点を取れる得点源にすることだ**。そのためには、句法などの基礎をマスターして、選択肢をすばやく取捨する力をつける必要がある。

センター試験の漢文の設問数は六～八問。今回の「総合問題」の設問数は八問だ。今回の「総合問題」を二〇分以内で解ければ、センター試験レベルの漢文には十分対応できる力がついたと言える。本番に向けて、自信を持って勉強を継続してほしい。

漢文のツボ

【方】

読 ① かた ② はう ③ まさ二 ④ あタル 訳 ① 地方・方向 ② 四角・方法 ③ ちょうど・今や ④ （ちょうどその時に）あたる

➡ ①②は名詞。③は副詞。「方」の副詞用法には「はじメテ」もある。④は動詞。